ANGUSTIA EN LAS SOMBRAS:

UNA HISTORIA REAL DE ABDUCCIONES ALIENÍGENAS

ERIK NANSTIEL

Prólogo de
WHITLEY STRIEBER

Copyright © 2025 por Erik Nanstiel
Todos los derechos reservados.

Ninguna parte de este libro puede reproducirse, distribuirse o transmitirse en manera alguna ni por ningún medio, ya sea electrónico, mecánico, fotocopiado, grabado o cualquier otro sistema de almacenamiento y recuperación de información, sin el permiso previo y por escrito del autor, excepto en el caso de citas breves incluidas en reseñas o comentarios críticos.

Números ISBN:
Tapa blanda: 979-8-9993806-6-1
Tapa dura: 979-8-9993806-7-8
Primera edición en español, 2025.

Publicado por Greymark Publishing,
Chicago, Illinois, EE. UU.
Diseño de portada por Erik Nanstiel.

Impreso en los Estados Unidos de América.

Para Miranda.
Mi luz más brillante en las horas más oscuras.
Me has enseñado más sobre el amor, el valor
y la paciencia que nadie más podría.
Eres mi milagro.

Y para una médica a quien una vez amé:
Lo que compartimos fue un lazo afín —
fugaz, pero eterno en su eco.

ÍNDICE

Prólogo   vii
Whitley Strieber

Introducción   ix

1. El pasado es prólogo   1
2. Los orbes: centinelas de luz   12
3. A través de un espejo, oscuramente   25
4. Una vida interrumpida   37
5. A través de ojos abiertos   47
6. Bajo la piel   58
7. Piezas de mí   67
8. Piezas que quedaron atrás   81
9. Bajo nosotros, nuestro futuro   94
10. El doctor te tocará ahora   104
11. La habitación a la que no pude entrar   111
12. Un sabor que quedó   118
13. La mente transparente   126
14. MUFON y el revuelo mediático   135
15. La medida de la verdad   142
16. Un Gris de relojería   149
17. Dentro del Trance   159
18. Cuando la fe y la historia colisionan   174
19. Agenda del alma   185
    Epílogo   200
    Fuentes y lecturas recomendadas   203
    Galería Fotográfica   208

PRÓLOGO

WHITLEY STRIEBER

Este relato profundamente personal y profundamente inquietante sobre las experiencias de encuentros cercanos de Erik Nanstiel es un testimonio de la resiliencia del espíritu humano ante lo aterrador y, en última instancia, lo transformador.

La historia de Erik comienza con encuentros infantiles ambiguos que evolucionan hacia una odisea de por vida: abducciones, procedimientos médicos e intrusiones psicológicas que hacen que las barreras entre el sueño y la realidad se desdibujen, dejándolo aferrado a recuerdos que quizá no sean recuerdos en absoluto, pero tampoco sueños. Pueden ser otra cosa: una conexión con sucesos que ocurren en una línea sombría entre realidades, cuya esencia se encuentra más allá de nuestra comprensión. Describe el miedo, la confusión y la lucha por reconciliar las rutinas cotidianas con invasiones continuas y surrealistas de su privacidad y de su mente con una claridad sobrecogedora.

Lo que hace que este libro sea tan convincente no son solo los vívidos detalles de los encuentros de Erik, sino la manera en que él enfrenta sus implicaciones. Formula las preguntas que todos haríamos: "¿Por qué yo?" "¿Qué quieren?" Y busca respuestas en su propia psique, en las historias de otros que han transitado caminos similares y en los misterios más amplios de la evolución y la consciencia humanas. Su travesía no trata únicamente de los Grises, ni de los implantes, ni de los procedimientos; trata de lo que significa ser humano en un universo que quizá sea mucho más complejo —y mucho menos privado— de lo que jamás imaginamos.

Este no es un libro para los pusilánimes. Es un libro para quienes están dispuestos a confrontar lo desconocido, a cuestionar los límites de la realidad y a considerar la posibilidad de que no estamos solos en este vasto y misterioso universo. La historia de Erik nos recuerda que la verdad —sea cual sea— no siempre es fácil de aceptar. Pero es en el acto de buscarla, de decirla y de reclamarla donde encontramos nuestro poder.

En estas páginas, Erik nos ofrece algo más que unas memorias; nos ofrece un espejo. Refleja no solo su propio viaje, sino la lucha humana universal por comprender lo incomprensible, sanar las heridas que no podemos ver y encontrar valor frente a lo desconocido. Su historia es un testimonio de la fuerza perdurable del espíritu humano —y un recordatorio de que, en un futuro en el que todos deberemos afrontar esta realidad insólita, podemos, como él ha hecho en su vida privada, encontrar un camino hacia adelante.

—Whitley Strieber

Copyright © 2025, Whitley Strieber

INTRODUCCIÓN

No me propuse escribir este libro porque creyera tener todas las respuestas. Lo escribí porque necesitaba unir las piezas—para mí mismo, y quizá también para otros que han experimentado algo similar pero nunca supieron cómo hablar de ello.

Durante gran parte de mi vida cargué con un silencio extraño. Recuerdos que no se comportaban como recuerdos. Momentos que no tenían sentido. Y sensaciones—profundas, enterradas—que susurraban cosas que yo no podía explicar. Traté de llevar una vida normal. Y, en gran medida, lo logré. Pero de vez en cuando, algo rompía la superficie. Una visión, un instante perdido, una presencia en la habitación que se desvanecía en cuanto despertaba.

Solo después de una vida de sucesos dispersos comenzó a surgir el patrón. Lo que empezó como una serie de experiencias personales —sueños, encuentros, lapsos de tiempo perdido—se reveló gradualmente como algo mucho más amplio, mucho más organizado y profundamente inquietante. No eran alucinaciones aleatorias. Formaban parte de un fenómeno estructurado con raíces no solo en mi propia vida, sino también en la vida de otros, extendiéndose a través de generaciones. Incluida la de mi propia madre.

No soy científico. No soy líder espiritual. Solo soy alguien que decidió que por fin era momento de documentar lo que ocurrió—no para convencer a nadie, sino para enfrentar la verdad tal como yo la viví. En el camino, comencé a comparar mis recuerdos con investigaciones, archivos de casos y relatos de otros que han recorrido un sendero similar. Cuanto más descubrí, más me di cuenta de algo: no estoy solo. Y tú tampoco, si alguna vez has sentido esa inquietante sensación de ser observado o cambiado de formas que no puedes explicar del todo.

Este libro es un registro. Es una narración de lo que recuerdo, lo que he descubierto y lo que he llegado a sospechar sobre la inteligencia detrás de estos encuentros. Explora no solo los sucesos en sí, sino los posibles motivos que los impulsan—motivos que alcanzan preguntas sobre la evolución humana, la consciencia y quizás incluso la naturaleza del alma.

No afirmo conocer la verdad definitiva. Pero sí sé lo que vi, lo que sentí y lo que he llegado a comprender.

Si tienes este libro en las manos, quizá sea porque tú también has tenido preguntas. No pretendo ofrecer respuestas definitivas—pero quizá encuentres aquí algo que resuene contigo. Tal vez veas un reflejo de tu propia historia en la mía. Y quizá, juntos, podamos empezar a alejar las sombras y la angustia—una memoria a la vez.

—Erik

1

EL PASADO ES PRÓLOGO

Me desperté en mi garaje.

No en mi cama ni en mi casa, sino en mi garaje frío y tenuemente iluminado, suspendido sobre el piso de concreto, con los pies colgando. Mi cuerpo estaba inclinado hacia delante en un ángulo leve, ingrávido. No podía moverme. No podía hablar. Estaba demasiado impactado para pensar. Pero estaba completamente despierto.

La luz del techo estaba apagada, aunque el lugar no estaba del todo oscuro. Una luz blanca, brillante y trémula entraba por la ventana lateral, parpadeando apenas, como si viniera de una fuente en movimiento afuera. Se me cortó la respiración. Algo—alguien—estaba allí conmigo.

Él estaba de pie frente a mí, cerca de la ventana, medía apenas un metro y algo, vestido con un mono negro desde el cuello hasta los pies. Sus brazos, largos y delgados, caían a los costados mientras me miraba con unos ojos negros enormes en medio de su cabeza abombada, de un gris ceniciento. Tenía la cabeza inclinada hacia arriba, mirándome directamente.

Y entonces, claro como una campanada, su voz entró en mi

mente: «No podemos permitir que recuerdes nuestra visita, porque mis superiores se enterarán».

No tuve tiempo de reaccionar. No tuve tiempo de hacer preguntas. Mi consciencia se apagó, como si alguien hubiera accionado un interruptor, y desperté de nuevo en mi cama, como si nada hubiera ocurrido. Pero algo había ocurrido.

Ese momento, y los muchos que vendrían después, me obligaron a enfrentar recuerdos que había enterrado durante años. Apenas susurros desde los rincones oscuros de décadas pasadas. Y puso en primer plano recuerdos que mi madre había desechado sesenta y siete años antes. Todo estaba a punto de encajar y exigir un ajuste de cuentas. Lo que creía saber sobre mi vida y mi visión del mundo estaba a punto de cambiar.

¿QUIÉN EN EL MUNDO SOY?

«¿Quién en el mundo soy? Ah, ese es el gran acertijo». — *Lewis Carroll, Alice's Adventures in Wonderland*

Me llamo Erik Nanstiel. Soy diseñador gráfico y director de arte de profesión, además de padre soltero y tutor de una hija adulta no verbal con autismo. Hasta hace unos años, cuando mi hija se mudó a una residencia para adultos como ella, fui padre soltero durante dieciséis años. Mi vida giraba en torno a las rutinas de criar a una niña con necesidades especiales, hacer todo lo posible por ganarme la vida y asegurar que tuviéramos un hogar estable. Tras el divorcio, la vida fue a menudo una lucha: cuadrar las cuentas, lidiar con cuidados insuficientes y afrontar un ingreso que nunca alcanzaba del todo. Durante esos años combatí la depresión mientras me esforzaba por mantener a mi hija sana y feliz. Cuando por fin "me gradué" al título de *nido vacío*, comencé a instalarme en una existencia más tranquila y sostenible.

Pero bajo esa vida por lo demás corriente—si no es que empática—había otra capa de realidad que ha salido a la superficie.

Desde que tengo memoria, he vivido encuentros extraordinarios: perturbadores, enigmáticos y recurrentes. Luces extrañas que se movían con intención. Figuras junto a mi cama que se disolvían antes de que pudiera comprender del todo su forma. Momentos de tiempo perdido que me dejaban desorientado y con miedo. Estas experiencias moldearon mis percepciones, se infiltraron en mis sueños y me dejaron cuestionando no solo su propósito, sino el mío. Durante años cargué con esos fragmentos sin contexto, sin saber si eran sueños, recuerdos o algo mucho más inquietante. Viví sin el lenguaje para explicarlos—ni siquiera con la certeza de que realmente hubieran sucedido. Pero sucedieron. Y solo eran el comienzo.

He llegado a pensar mi vida en dos fases: el mundo antes de los encuentros y el mundo después. Claro que eso es una ilusión, porque los encuentros probablemente siempre estuvieron allí. Pero la conciencia de ellos llegó más tarde. Y, en ese capítulo temprano de mi vida, antes de que algo aflorara, yo era como cualquiera. Jugaba, veía caricaturas, perseguía luciérnagas en el patio trasero. No había indicio de que algo extraño me aguardara. Ninguna señal evidente de que mi vida se desviaría de la norma.

Y, sin embargo... también he llegado a reconocer que incluso en esos años "normales" hubo momentos. Sutiles. Sensaciones que entonces no sabía nombrar. Una incomodidad particular con la oscuridad: no el miedo típico a los monstruos bajo la cama, sino algo más frío. Menos teatral. Recuerdo haber sentido, en ciertas noches, que me observaban. No desde el pasillo ni desde un armario, sino desde otra parte. Una conciencia vaga de que el mundo era más delgado de lo que parecía. Que algo podía atravesarlo.

Yo era un niño reflexivo. Imaginativo, pero no dado a la fantasía. Amaba las historias, pero me fascinaba por igual la tecnología—sobre todo lo futurista o avanzado. No era especialmente hábil con lo mecánico, pero me cautivaba cómo funcionaban las cosas, cómo se conectaban los sistemas y cómo fuerzas invisibles—como la electricidad, la gravedad o incluso el tiempo—parecían regir el mundo. Hay una parte de mí que se pregunta si esa curiosidad siempre estuvo allí o si fue cultivada. Si ellos la notaron pronto. Si me "etiquetaron" antes de que yo entendiera siquiera qué era la vida.

En la escuela era el observador silencioso. Hacía amigos con facilidad, pero nunca fui el ruidoso. Notaba cosas. Cuando alguien estaba triste. Cuando algo no cuadraba. Entonces no tenía palabras para ello, pero me sentía afinado a los patrones—sobre todo cuando se salían de lugar. Esa capacidad más tarde sería esencial para reconstruir mis propios recuerdos fragmentados.

Mirando atrás ahora, hay cierta ironía en lo mucho que tardé en unir los puntos. Gran parte de mi vida temprana se estructuró para ayudar a otros a sentirse cómodos: ser complaciente, confiable, el buen hijo, el buen amigo, el de fiar. No me di cuenta hasta mucho después de cuánto de eso nacía de un deseo subconsciente de anclarme. De mantener una sensación de control. Porque, en algún lugar bajo la superficie, ya me estaban visitando. Solo que aún no lo recordaba.

Ese es el aspecto extraño de la memoria reprimida: no desaparece. Permanece como residuo emocional. En miedos inexplicables. En fascinaciones extrañas. Recuerdo haber visto *Close Encounters of the Third Kind* de niño y sentir un escalofrío—no exactamente miedo, sino algo más hondo. Reconocimiento. No sabía por qué esa película me afectaba de ese modo. Ahora sí.

Aun así, mi crianza fue estable. Segura. Mis padres no fueron abusivos. No hubo un trauma al que pudiera atribuir las cosas que recordaría después. En ese sentido, estoy agradecido. Porque cuando los recuerdos empezaron a volver—cuando regresaron las luces y reaparecieron los seres—no pude descartarlos como fantasía nacida de la disfunción. No nacieron del trauma. Lo atravesaron.

Así que ahora intentaré enmarcar estas experiencias sobre el telón de fondo de mi vida: explorar su sentido, sus implicaciones y sus orígenes. Un sentido que espero no solo apacigüe mis angustias, sino que también revele por qué estos intrusos han estado entrometiéndose conmigo y con mi familia durante generaciones.

ORÍGENES

Nací a finales de los años sesenta y me crié en Des Plaines, Illinois, como el tercer y menor de los hijos de Norman y Betty Nanstiel. Al crecer en las décadas de 1970 y 1980, mis hermanos y yo disfrutamos de una niñez cómoda de clase media en una urbanización amable, donde los vecinos se conocían y los niños jugaban sin preocupaciones. En muchos sentidos, mi crianza fue la quintaesencia del suburbio del Medio Oeste: sin dramas excesivos, rarezas ni nada que sugiriera que mi vida estaría marcada por lo extraordinario.

Más allá de nuestra familia inmediata en el área de Chicago, formábamos parte de una extensa familia por ambos lados—abuelos, tíos, tías y primos—muchos de los cuales permanecieron en los suburbios de Pittsburgh, donde mis padres nacieron y crecieron.

Los menciono porque mi historia no comienza conmigo ni con mi incidente en el garaje. Comienza en 1953 con mi madre, Betty, y su familia, los Jackson—con un avistamiento de un OVNI que pudo haber sido la primera pista de una presencia extraterrestre entretejida en la historia de nuestra familia.

1953: BETTY Y EL INCIDENTE EN LA AVENIDA CLUGSTON

Mi madre, Betty Ann, tenía nueve años en 1953. Ella y sus siete hermanos crecieron en la localidad obrera de Turtle Creek, Pensilvania. La familia acababa de mudarse del pueblo de Linhart a su casa de Turtle Creek, en la Avenida Clugston, una calle angosta en lo alto de Rose Hill, con casas en un lado y vista a un extenso patio ferroviario en el valle. Su padre, Sidney, había comprado la casa, que había sido su hogar de infancia.

Una noche de aquel verano, ya oscuro, Betty estaba en la cocina con su madre, Gertrude, y su hermano menor, Billy, cuando dos de sus hermanos mayores, Dick y Don, irrumpieron desde afuera—excitados, sin aliento—exclamando que habían visto algo extraordinario en el cielo sobre el valle.

—¡Ma! ¡Betty Ann! ¡Don y yo acabamos de ver un platillo volador sobre el valle! —gritó Dick, el mayor.

—Tranquilícense. ¿Cómo dicen? —preguntó su madre, Gertrude, confundida pero atenta.

—¡Sobre el valle! —repitió Dick, con Don asintiendo a su lado—. ¡Tenía luces de colores y giraba! Estuvo un rato suspendido encima de nosotros, sobre el patio de trenes, ¡y luego salió disparado, directo hacia arriba, y desapareció!

—¿Ya se fue? —preguntó Gertrude.

—Sí —confirmó Don—. ¡Subió muy alto y se esfumó!

Betty y su hermanito Billy, ansiosos por verificar lo visto, cruzaron la sala y salieron por la puerta principal al porche cubierto. Desde allí podían ver el cielo abierto sobre el valle. Dick y Don los siguieron aún alborotados.

—¿Dónde está? —preguntó Betty, acercándose al borde del porche y mirando hacia arriba—. ¿Estaba ahí?

—No, Betty Ann —dijo Dick—. Más afuera, sobre el patio de trenes.

Betty escudriñó el cielo, decepcionada. Las estrellas titilaban arriba, calmas e indiferentes. Lo que sus hermanos habían visto ya no estaba. Billy, de apenas cuatro años, miraba también con el ceño fruncido, igual de desilusionado. El momento había pasado. Uno a uno, todos volvieron adentro para prepararse para dormir.

La casa de la Avenida Clugston era modesta, de dos plantas, con tres dormitorios pequeños y una escalera de madera que crujía. En la planta baja, Sidney y Gertrude dormían en un cuarto junto al pie de la escalera. Cuatro de los hermanos de Betty compartían la habitación frontal del piso superior, y Betty dormía sola en un cuarto más pequeño al fondo de la casa. Aquella noche, las ventanas estaban abiertas para dejar entrar el aire de verano. El zumbido suave de los insectos se colaba como una canción de cuna. La casa, antes llena de movimiento y conversación, se fue quedando en silencio.

Cerca de las dos y media de la madrugada, Betty se removió. Despertó de golpe, no por un ruido, sino por una sensación: un sacudón de propósito ansioso, como si hubiera recordado algo

Angustia en las Sombras:

urgente. No había sonidos en la casa. Apenas el leve quejido del marco de la ventana y el movimiento ocasional de las cortinas con la brisa. Pero dentro de ella, algo apremiaba. Se sentía atraída.

Se incorporó despacio, parpadeando en la penumbra de su dormitorio. El corazón ya le latía más rápido de lo normal. No estaba asustada exactamente, solo intranquila, como si hubiera despertado en medio de algo importante. Tenía en la mente la idea de que debía bajar. Más que una idea: una certeza. Tenía que revisar algo. Algo en el sótano.

Moviéndose en silencio, salió de la cama, recorrió el pasillo y bajó la escalera. El aire se hacía más pesado a cada paso. La sala y la cocina estaban sumidas en una oscuridad blanda y adormilada. Encendió una lámpara pequeña al fondo de la cocina y se detuvo frente a la puerta del sótano. La sensación persistía: no era una pregunta, sino una instrucción.

Abrió la puerta. En esa parte de Pensilvania, las colinas eran ricas en carbón y muchas casas tenían acceso a antiguos túneles mineros que corrían por debajo. El padre de Betty había mencionado que su casa había estado conectada a una de esas minas desde el sótano. Pero, cuando se mudaron, él había tapiado la entrada. Aun así, el sótano distaba de ser acogedor: estaba sin terminar, con tierra apisonada en el suelo, una caldera oxidada, estantes toscos y una lavadora. Siempre olía a piedra, ceniza y algo tenuemente metálico. No era un lugar donde a un niño le apeteciera estar de día, mucho menos solo por la noche.

La luz de la cocina apenas alcanzaba el final de la escalera. Todo alrededor de la base se perdía en una negrura creciente. Ella comenzó a bajar lentamente, con su pequeña mano en el pasamanos. Al llegar al tercer o cuarto peldaño, vaciló, mirando la oscuridad.

Y entonces se detuvo. Algo se movía.

No lo vio con claridad, solo un revolverse al pie de la escalera, más allá de la luz. Formas, bajas y compactas. Eran dos. Se desplazaban al unísono, no como personas, sino como animales. Su cuerpo se puso rígido. Quiso darse la vuelta y huir, pero sus miembros no respondieron. La compulsión que la había impulsado a bajar desapareció, sustituida por un pavor primario.

De la negrura, dos pastores alemanes salieron a la vista. Gruñían, con los labios levantados y los ojos fijos en ella. Intentó gritar, pero no salió sonido alguno. No podía moverse. No podía apartar la mirada. Y entonces... se abalanzaron. Todo se volvió negro. Lo que parecieron segundos después, Betty despertó—y estaba de vuelta en su cama.

Se incorporó con el corazón desbocado, sin saber si había gritado o jadeado. La ventana de su dormitorio seguía abierta. Los sonidos de la noche estival volvieron lentamente a sus oídos, como un ruido de fondo que regresa tras un corte de energía. Tenía la piel húmeda. Las manos le temblaban.

¿Fue un sueño? ¿Una pesadilla? No se había sentido como tal. Las pesadillas no te sacan de la cama ni te colocan en otro lugar. No te dejan el corazón latiendo como si hubieras escapado de algo real.

En 1953 su familia solo tenía un perro—un mestizo pequeño y dócil llamado Fuzzy. Nada remotamente parecido a los animales que acababa de ver. Y, desde luego, no había nada en el sótano.

El encuentro nunca se repitió. Y nunca se habló de él. Durante décadas vivió en su memoria sin explicación: vívido, extraño e irresuelto. Y, sin embargo, algo de aquella noche se quedó con ella.

Hasta el día de hoy, mi madre tiene un miedo inquebrantable a los pastores alemanes. Nunca ha tenido un enfrentamiento físico con uno—ni antes de aquella noche ni después. Pero el miedo está ahí. Profundo y reflejo. Algo enterrado en su cuerpo que su mente aún no puede explicar.

El recuerdo permaneció en silencio, como un separador apretado en el lomo de un volumen olvidado, esperando a que alguien volviera a esa página. Nunca lo olvidó. Ni la quietud. Ni la escalera. Ni los ojos de las criaturas que se lanzaron hacia ella. Y durante mucho tiempo no se lo contó a nadie. Hasta ahora.

«*Fallaces sunt rerum species*. (Las apariencias engañan.)» — Séneca

. . .

No supe de esta historia por mi madre hasta que empecé a contarle mis propios encuentros. Mientras le describía cómo mis recuerdos a menudo estaban distorsionados—cómo experiencias perturbadoras se disfrazaban de formas familiares—ella recordó de pronto el incidente de la Avenida Clugston, un recuerdo que había enterrado durante décadas. Había estado acumulando polvo en el desván de su mente, sellado e inexplicado, hasta que algo en mis palabras lo fracturó.

Al principio llamé a este fenómeno "memorias enmascaradas", porque así se sentía. Como si algo ajeno se hubiera puesto un rostro humano, se hubiera deslizado en un papel que yo debía reconocer y lo hubiera usado como camuflaje para moverse por mi conciencia sin ser detectado. Después descubrí que Sigmund Freud había acuñado un concepto similar—las *memorias pantalla* (*Deckerinnerungen*, en alemán). Según Freud, la propia mente humana fabrica estos recuerdos sustitutos como mecanismo de defensa, para proteger al individuo del trauma psíquico. Pero, en el contexto de la abducción, no creo que esa explicación cuente toda la historia.

Pienso que estas memorias pantalla no se generan internamente, sino que se imponen desde afuera—plantadas mediante sugestión telepática en el momento del trauma, o justo antes. No las crea el subconsciente para protegernos. Las diseñan ellos, para ocultar. Para controlar. Un término más exacto, en este contexto, podría ser *velo poshipnótico*. Así se sentía: una neblina envolviendo la verdad, entretejida en mis pensamientos por algo que sabía cómo funcionaba mi mente—y cómo volverla contra sí misma.

Le expliqué esto a mi madre y le di ejemplos de mis propias experiencias. Le conté las veces que interactué con personas que creí amigos o profesionales—médicos, personal de aerolínea, incluso desconocidos cuya presencia parecía oportunamente contextual—para darme cuenta después de que no había visto a ninguna persona. Mi mente consciente había aceptado la ilusión, como bajo un hechizo. Pero luego, al romperse el trance, los rostros se desarmaban. La piel humana se disolvía en la memoria. Lo que quedaba detrás de la máscara era algo completamente distinto. Lo que realmente vi.

Me recordó a cómo la gente toma decisiones temerarias bajo los efectos del alcohol: convencida, en el momento, de estar actuando con racionalidad, para ver el desastre con claridad cuando se disipa la niebla. Así se sentía al salir de estos encuentros: como despejarse de la influencia de otro. Solo que, en lugar de alcohol o drogas, el intoxicante era su control sobre mi percepción.

La similitud con la hipnosis es difícil de ignorar. Los estados de trance inducidos durante las abducciones eran mucho más profundos que cualquier meditación o ensoñación que haya experimentado. No hay un descenso suave. En un momento estás allí—alerta, presente—y al siguiente estás en otro lado, con los ojos abiertos pero por dentro vaciado. Tu cuerpo obedece, tus emociones se aplanan y tu mente deja de preguntar. Ves lo que ellos quieren que veas. Aceptas lo que quieren que creas. Y después luchas por reconstruir qué partes eran tuyas y cuáles te fueron impuestas.

Uno de los ejemplos más citados de este fenómeno aparece en *Communion* (1986) de Whitley Strieber. Strieber recordó haber visto una lechuza mirándolo por la ventana, un recuerdo que lo inquietaba profundamente pero no tenía sentido. Bajo hipnosis, esa imagen empezó a deshilacharse. La "lechuza" no era tal, sino un gris. Los ojos grandes y sin párpados. La mirada fija. La presencia inmóvil. La imagen del ave había sido una suerte de marcador—una pantalla insertada en su memoria, como una máscara colocada sobre algo que su mente consciente no debía ver.

Cuando se lo describí a mi madre, vi una expresión de reconocimiento cruzarle el rostro. No fue solo intelectual. Fue visceral. Sugerí que los pastores alemanes que vio al pie de la escalera podían haber sido algo similar. Si los grises estuvieron presentes aquella noche, pudieron proyectar la imagen de los perros—animales que ella temía instintivamente—para explicar el miedo y la parálisis, para justificar el apagón. Habría dado coherencia emocional a la experiencia, aunque no fuera verdad. Una memoria implantada puede ser más eficaz que una reprimida. Una niña asustada recuerda a los perros. No cuestiona lo que ocurrió en el tiempo perdido. Pero bajo esa ilusión, algo supura. Una disonancia silenciosa. La mente puede olvidar la verdad, pero el cuerpo sigue sintiendo la angustia que resuena desde sombras a las que no sabe dar nombre.

También le conté que, en muchos informes, los grises suelen obligar al abducido a desplazarse por sí mismo—por lo general mediante sugestión telepática. Un niño puede levantarse de la cama y caminar hasta una habitación vacía, el patio o el sótano. Aislado. Separado de los demás. Es eficiente. No hay necesidad de fuerza cuando el sujeto está dispuesto, incluso ansioso, a seguir un impulso que cree propio. En el caso de Betty, pudo haber bajado al sótano bajo ese tipo de influencia. Después, sospecho que la guiaron de vuelta arriba del mismo modo. Esto reduciría el daño en la memoria: sin una discontinuidad brusca, solo un sueño extraño que se diluye en el ritmo de una infancia por lo demás ordinaria.

Pero ese incidente no es la única razón por la que creo que mi madre fue tomada antes que yo. Fue solo el comienzo. Ocurrió algo más—algo que se revelaría años después.

Y cuando lo hizo, no pude negar lo que significaba.

2

LOS ORBES: CENTINELAS DE LUZ

Una mañana de la primavera de 1970, me desperté antes de que mi madre viniera por mí. No sé qué me impulsó a ponerme de pie dentro de la cuna. La luz se filtraba por la ventana en rayas pálidas, suaves pero insistentes, anunciando el amanecer. No podían ser más de las 6:30 a. m.—quizá incluso antes.

La habitación a mi alrededor se sentía quieta, intacta por el movimiento del día. Apreté la baranda de seguridad, con los deditos aferrados a los listones de madera mientras me incorporaba. El colchón bajo mis pies se hundía un poco con mi peso cambiante, pero el crujido de las suelas plásticas de mi piyama enteriza me daba algo a lo cual anclarme: una textura tangible y tranquilizadora en un mundo que aún era tan nuevo. Observé mi entorno; las paredes celestes ofrecían un contraste suave con el resplandor de la mañana. Un móvil—uno de mis primeros objetos—colgaba inmóvil sobre el cambiador.

No recuerdo lo que pensaba en esos momentos, de pie solo en la cuna, pero recuerdo haber mirado hacia la puerta del armario.

Y recuerdo el Orbe.

Una masa blanca y luminosa de plasma—del tamaño aproximado de una pelota de sóftbol—se deslizó sin esfuerzo a través de la puerta, como si la madera no significara nada. No hizo sonido alguno: ni chirrido de bisagras ni soplo de aire. Solo movimiento, suave y deliberado.

Tenía dieciséis meses. No sabía qué era el miedo. Ni siquiera tenía la capacidad de cuestionar lo que estaba viendo. El mundo entero era nuevo para mí, lleno de cosas extrañas e incomprensibles. Así que simplemente lo miré.

Mis ojos se clavaron en aquel intruso luminoso mientras cruzaba la habitación hacia mí, su brillo reflejándose en las paredes celestes y proyectando sombras sutiles en lugares donde no debía haberlas. Se movía a la velocidad de un adulto caminando despacio, sin prisa, como si tuviera todo el tiempo del mundo.

Y entonces, llegó hasta mí. El Orbe tocó mi frente y quedé inconsciente.

LAS VISITAS RECURRENTES

Ese fue el primer encuentro que recuerdo. Y desde aquella mañana de 1970 hasta algún momento de 1974, volvió a ocurrir, muchas veces.

No sé por qué guardé estos recuerdos cuando tantos otros de la primera infancia se desvanecieron. Pero este permaneció. Se volvió un patrón, una parte de mi realidad durante cuatro años que no tenía explicación.

Cuando mi dormitorio aún estaba donde luego sería el comedor de mis padres, el Orbe siempre emergía del armario. Más tarde, cuando mi cama se mudó al segundo piso, lo veía atravesar el tabique inclinado junto al techo, desafiando todas las leyes de la materia que después me enseñarían en la escuela. Y siempre se movía igual: constante, controlado, intencional. Nunca dudaba, nunca titubeaba. Yo era su objetivo.

Cada vez sentía ese oleaje familiar de alerta, con los ojos muy abiertos ante la anomalía luminosa. Y cada vez, cuando llegaba a mi frente, me apagaba como si alguien accionara un interruptor.

Pero aunque siempre perdía la consciencia, nunca perdí los recuerdos. Con el tiempo, adoptaron otra forma. A medida que pasaron los años, empecé a temer a los armarios—de cualquier habitación, de cualquier casa. No era un miedo racional, no como el de un niño a la oscuridad o a los monstruos bajo la cama. Estaba profundamente arraigado, incrustado en mi subconsciente de una manera que existía sin explicación. Una angustia persistente que surgía desde las sombras. Vivía en la periferia de mi conciencia: la sensación de que algo aguardaba justo más allá de los bordes de la vida cotidiana.

No sabía por qué tenía miedo ni qué significaba. Pero reconocía la sensación. La inmediatez. La agresión. El modo en que el Orbe irrumpía en mi espacio con propósito, con una determinación inquebrantable. Sabía que, fuera lo que fuese, no era un sueño. Y que volvería.

1974

A los cinco años viví el último periodo en que recuerdo haber recibido visitas del orbe blanco de plasma. La más notable ocurrió hacia el final de una estancia de cuatro noches en el Lutheran General Hospital de Park Ridge, Illinois. Unos meses antes me había golpeado la cabeza en un castillo inflable: caí y otros niños me pisaron. Durante algunos años, después de la lesión, tuve pequeños episodios de ausencias (*petit mal*) que superé antes de la pubertad. Por motivos relacionados, me estaban realizando estudios y me internaron para observación.

La última noche en el Lutheran General, recuerdo que me acosté en la cama más cercana a la puerta y al baño; mi compañero de cuarto, Tommy, estaba en la cama junto a las ventanas, con vista a la calle Dempster, varios pisos abajo. Tommy estaba gravemente enfermo por un absceso infectado en el abdomen y tenía fiebre muy alta, entre 40,5 y 43 °C. Estaba conectado a sueros y sobre un colchón de hielo para enfriarlo, y a menudo su madre permanecía a su lado incluso mientras dormía. No se sabía si sobreviviría la noche. Casi siempre estaba inconsciente y demasiado enfermo para conversar, así que lo dejaba en paz.

Antes de dormirme, en la habitación oscura, miraba la puerta del pasillo. La mitad superior tenía un vidrio armado, cubierto por cortinas de lino blanco. Aunque la habitación estaba mayormente a oscuras, se veía la luz del pasillo si uno miraba en esa dirección. Me calmé, la respiración se hizo larga y empecé a entrar en sueño.

Entonces, mientras miraba la única fuente de luz del cuarto, el orbe blanco reapareció: atravesó la puerta desde el pasillo y se dirigió a mi cama. Como en los encuentros anteriores, se movía a la velocidad de una persona caminando hasta que llegó a mi frente y, una vez más, perdí el conocimiento. Desperté a la mañana siguiente con los rayos del sol colándose por los bordes de las cortinas, llenando el cuarto de luz tenue. Vi a Tommy, aún dormido, con su madre a su lado.

Después de que la enfermera nos revisó, usé el baño y esperé a mi madre, que vendría a llevarme a casa. Estaba ansioso por irme. Llevaba cuatro días allí y odiaba el hospital por lo incómodo que era.

Cuando mi madre llegó, la recuerdo de pie en el vano de la puerta, con la luz del pasillo derramándose hacia dentro. Las cortinas de la ventana seguían cerradas, así que el pasillo se veía relativamente brillante. Llevaba la cartera al hombro derecho y sostenía un objeto en la mano. Me pidió que recogiera mis cosas para irnos. Solo tenía mi conejo de peluche—*Hopper*—y unos autitos *Matchbox* que me habían regalado para entretenerme durante la internación. Cuando junté mis pertenencias y me reuní con mi madre, la mamá de Tommy se acercó a despedirse y ambas intercambiaron números de teléfono; ya habían hablado varias veces desde el día anterior.

Entonces supe qué llevaba mi madre en la mano: un camión de juguete que había comprado para Tommy en la tienda del hospital.

—Toma, Erik, ve a despedirte de Tommy y dale este regalo —me dijo.

Como me había sentido incómodo con Tommy durante toda la estadía, me negué:

—No quiero hablar con él, mami. ¡Se va a morir!

Nadie me había dicho que estaba al borde de la muerte; lo sentí instintivamente. Pero mi madre se opuso a mi rechazo:

—¡Erik, tienes que despedirte! ¡Es lo correcto!

Puse los ojos en blanco, con una ligera exasperación, y cedí.

—¡Está bien!

Tomé el camión de la mano de mi madre y me acerqué a la cama de Tommy. Junto a la cama había un pequeño banquito de tres escalones para que él pudiera subir y bajar. Lo usé para colocarme en el último peldaño y vi a Tommy mirarme. Dejé el camión en la cama junto a él, no dije nada y abrí las manos al máximo, apoyando los dedos extendidos sobre su abdomen; luego las deslicé lentamente arriba y abajo por su torso. Tommy no se inmutó: estaba débil y exhausto. Sentía la mirada curiosa de mi madre y de la suya, y por eso me puse un poco cohibido mientras seguía.

En ese momento actuaba por puro instinto. De algún modo, sabía —sin sombra de duda— que podía sanar a ese niño con mis manos. Pero solo lo hacía porque mi madre me había pedido que fuera amable con él. Yo aún no quería hablarle, pero cuando terminé me despedí diciendo:

—¡Listo! ¡Ahora te vas a poner bien!

Bajé del banquito y me reuní con mi madre para salir de la habitación. Oí cómo ambas prometían mantenerse en contacto mientras yo corría por el pasillo, mirando mis manos con admiración.

—¡Tengo manos mágicas! —exclamé.

¿Por qué pensé eso? Nadie me había sugerido que alguien que no fuera Jesús pudiera hacer algo así. Pero eso era lo que sentía.

Años después, este episodio volvió a salir cuando mi madre me contó que, al día siguiente, la mamá de Tommy la llamó con una revelación asombrosa. Tras nuestra despedida, los médicos examinaron a Tommy y vieron que la fiebre había desaparecido. Después de algunas pruebas, verificaron que el gran absceso infectado en su abdomen—el que lo estaba matando—se había ido por completo. Sus signos vitales estaban perfectos. No quedaba rastro de infección. La madre de Tommy lo llamó un milagro y atribuyó mi gesto a su recuperación al hablar con mi mamá. Siempre me he preguntado qué fue de Tommy con los años. Nunca supe su apellido.

Aunque entonces no lo entendí, y no hice la conexión hasta décadas más tarde, ahora creo que la visita del orbe blanco a mi habitación del hospital pudo haber sido algo más que supervisión. Es posible que lo que presencié esa noche—y lo que ocurrió al día siguiente—no fuera solo una visita pasiva, sino un acto deliberado de sanación. No solo observación, sino intervención.

No conocí otros casos como el mío hasta mucho después, cuando comencé a investigar el fenómeno en serio. Lo que encontré me sobresaltó. Existe un conjunto de reportes de otros abducidos y experimentadores que, como yo, describieron curaciones inexplicables después de encuentros con orbes luminosos. Estos orbes—generalmente descritos como blancos, azulados o, a veces, dorados—han sido vistos entrando en habitaciones de hospital, flotando sobre cuerpos enfermos e incluso interactuando con pacientes inconscientes o moribundos. En muchos de esos relatos, los testigos informaron recuperaciones profundas y, a menudo, médicamente inexplicables.

En *The Healing Power of UFOs*, el investigador Preston Dennett documenta más de un centenar de casos así. En uno particularmente llamativo, un hombre con cáncer terminal se despertó en medio de la noche y encontró un orbe luminoso flotando sobre su cama. Permaneció en silencio unos momentos y luego se movió lentamente sobre su pecho y abdomen antes de desvanecerse. Al día siguiente, su dolor había remitido. En semanas, sus estudios no mostraron rastro de cáncer. Sus médicos quedaron perplejos. No había explicación científica para su recuperación.

En otro caso citado por Dennett, una joven que se recuperaba de una cirugía de columna vio entrar una esfera luminosa en su habitación a altas horas de la noche. La describió con una presencia inteligente, algo que se sentía "consciente". El orbe flotó sobre su incisión quirúrgica durante varios minutos; ella percibió un cosquilleo por todo el cuerpo. A la mañana siguiente, el dolor había desaparecido. La incisión había sanado a un ritmo acelerado. De nuevo, los doctores quedaron atónitos.

La similitud con mi experiencia es inquietante. Yo había sufrido una conmoción meses antes y estaba en el hospital para monitoreo de convulsiones y estudios posteriores. Aunque no recuerdo contacto físico, sí recuerdo que el orbe se acercó directamente a mi frente—justo antes de que me desmayara. Ese movimiento preciso se repitió en todos los encuentros anteriores. Nunca fue aleatorio. Venía hacia mí con propósito. En ese momento lo interpreté con la curiosidad inocente de un niño, pero ahora lo veo de otro modo. Tal vez ese instante no fue solo observación. Tal vez activó algo en mí—o a través de mí.

Pienso a menudo en lo que hice a la mañana siguiente, cuando instintivamente apoyé las manos sobre Tommy y declaré: «Ahora te vas a poner bien». No tenía un marco de referencia para ese comportamiento. No me criaron para creer en curaciones místicas y nadie me había modelado algo así. Sin embargo, actué con absoluta certeza, como si algo hubiese sido colocado dentro de mí—una sensación de saber que no era originalmente mía. El impulso de un niño, sí, pero ejecutado con un propósito que todavía resuena en mi memoria.

¿Pudo el orbe haber activado algo en mí que permitió que el cuerpo de Tommy se recuperara? ¿O actuó sobre Tommy directamente, y yo solo fui testigo—o un conducto simbólico—de algo que ya estaba en marcha? Quizá la curación no se realizó a través de mis manos, sino que fue orquestada *mediante* mí, del mismo modo que me habían observado, rastreado e influido de maneras que no comprendía. Este tipo de influencia—la capacidad de sanar mediante intervención no humana—ha sido citado por investigadores como el Dr. John Mack y Budd Hopkins. Ambos entrevistaron a abducidos que reportaron mejorías físicas o psicológicas tras el contacto, especialmente después de exponerse a luces o campos de energía extraños.

En ese entonces, yo no sabía nada de esto. Solo sabía que había hecho algo extraordinario—y que la recuperación de Tommy, aunque jubilosa, cargaba un silencio extraño y pesado. Nadie pudo explicarla. Nadie lo intentó.

Pero ahora, con la perspectiva del tiempo, veo que mis primeras interacciones con los orbes pudieron implicar algo más que mera vigilancia. Puede que yo haya sido participante de algo mucho más complejo—algo que desafiaba los límites de la medicina y la biología convencionales. Algo que comenzó no con el miedo, sino con la sanación.

¿Por qué, se preguntarán, cuento esta historia sobre Tommy y yo? Sanar con las manos suele pertenecer al ámbito de la fe religiosa o espiritual. Pero siento necesario narrarla, dado que ocurrió horas después de la visita del orbe blanco de plasma. La tomo dentro del contexto de mis encuentros. Y cuando lean más adelante, ya de adulto, un episodio en que fui sanado por mis captores, entenderán mejor por qué asocio a los orbes con la recuperación de Tommy.

Durante gran parte de mi vida no relacioné aquellos orbes con nada más allá de mis experiencias inmediatas. Para mí eran una anomalía recurrente: algo inexplicado, pero no necesariamente vinculado a un fenómeno mayor. No fue hasta 2020—cuando mis encuentros con los Grises se volvieron innegables—que empecé a investigar de lleno el fenómeno de la abducción. Entonces descubrí algo sorprendente: estos orbes de plasma blanco han sido ampliamente reportados por otros que afirman experiencias similares.

Muchos abducidos han descrito orbes de luz que aparecen antes, durante o después de sus experiencias. Estos orbes—con frecuencia blancos brillantes, azulados o a veces anaranjados—se mueven de forma deliberada y controlada, pasando incluso a través de paredes, techos o personas. Algunos testigos informan pérdida de tiempo o parálisis inmediatamente después de la aparición del orbe; otros describen una inquietante sensación de ser observados.

INFORMES HISTÓRICOS DE ORBES DE PLASMA EN LOS FENÓMENOS OVNI Y DE ABDUCCIÓN

El "Project Condign" (1997–2000) del Ministerio de Defensa británico exploró la idea de que algunos avistamientos de OVNIs y encuentros con orbes pueden deberse a formaciones de plasma altamente cargadas. Sus conclusiones sugirieron que estos campos de energía podrían inducir estados alterados de consciencia en los testigos, lo que explicaría la pérdida de tiempo o las lagunas de memoria.

Pero algunos investigadores sostienen que los orbes de plasma son algo más que anomalías naturales. El psiquiatra de Harvard Dr. John Mack, quien estudió a cientos de abducidos, documentó numerosos casos en los que los testigos recordaban ver orbes flotantes antes, durante o después de sus encuentros. Algunos los describían como inteligentes, con una presencia que se sentía "vigilante".

En el célebre caso del *Skinwalker Ranch* en Utah, personal militar e investigadores han reportado reiteradamente orbes luminosos. Algunos afirman que los orbes los seguían, reaccionaban a sus movimientos o incluso producían efectos fisiológicos. De modo similar, en Hessdalen (Noruega) y en las *Marfa Lights* de Texas, informes persistentes describen orbes que se comportan de maneras más deliberadas que un fenómeno natural aleatorio.

¿FUERON LOS ORBES DE MI INFANCIA ALGO MÁS QUE ENERGÍA?

Si los orbes eran más que anomalías, ¿cuál era su propósito? ¿Podrían haberme estado marcando de algún modo, preparándome para algo por venir? Y si aparecieron tan a menudo en mi infancia, ¿también estuvieron presentes para mi madre?

Es posible, sin embargo, que estos orbes no fueran entidades separadas ni dispositivos de observación remota, sino los propios Grises en otra forma.

Muchos abducidos, yo incluido, hemos visto a los Grises atravesar objetos sólidos como paredes y techos, una habilidad que sugiere tecnología capaz de alterar su densidad, estructura molecular o estado dimensional. Si es así, ¿y si los orbes de plasma no fueran objetos aparte, sino los Grises mismos en una fase de camuflaje? ¿Usando alguna tecnología electrogravitatoria que los vuelva prácticamente inertes o sin masa?

Esto explicaría por qué se mueven con inteligencia en lugar de comportarse como un fenómeno energético natural, por qué se acercan directamente a las personas y por qué el contacto con ellos produce inconsciencia inmediata, como si se pasara a otro estado de interacción. Su tendencia a preceder abducciones sugiere que no son observadores pasivos, sino parte integral del proceso. Si los Grises pueden "fasear" a través de la materia, quizá cuando lo hacen *aparecen* como estos orbes. Su luminiscencia podría no ser casualidad, sino el efecto visible de su tecnología de camuflaje.

A estas alturas no tengo respuestas definitivas. Pero la presencia de estos orbes luminosos en mis primeros años sugiere que mi involucramiento en este fenómeno comenzó mucho antes de que pudiera reconocerlo.

UNA SEGUNDA SEÑAL DE CONTACTO GENERACIONAL

1974 no solo fue el último año en que vi los orbes luminosos; también fue el año en que mi madre, Betty, empezó a tener una serie de sueños vívidos, perturbadores y recurrentes que, en retrospectiva, resultan imposibles de descartar como mera imaginación.

En esos sueños, mi madre, mi padre y yo visitábamos a unos amigos a cuatro casas de la nuestra. Al salir para volver a casa, cientos de orbes blancos descendían del cielo. No solo aparecían: nos perseguían. Mis padres decidían que debíamos correr, avanzando de patio en patio, tratando desesperadamente de llegar a casa. Pero, por más cuidado que tuviéramos, los orbes eran implacables. Cada vez que salíamos de detrás de un árbol, un cobertizo o una cerca, acortaban la distancia. Nos cazaban.

Antes de que pudiéramos llegar a casa, los orbes nos alcanzaban y nos rodeaban con una luz blanca cegadora. Mi madre se paralizaba mientras un resplandor la envolvía. En ese momento, mi padre se volvía hacia ella y decía: «No te preocupes, cariño, solo quieren convertirte en un ángel». Y entonces—yo desaparecía.

Cada vez que tenía ese sueño, terminaba igual: yo había desaparecido. Betty despertaba presa del pánico, sacudida por la inquietante consistencia del sueño. A día de hoy—51 años después—los recuerda con una claridad perturbadora.

¿UN CLAMOR SUBCONSCIENTE POR LA VERDAD?

Incluyo los sueños de mi madre porque, dado el contexto de mis propios encuentros, parecen algo más que imaginación. Es difícil ignorar las implicaciones: los tuvo exactamente en el mismo período en que yo veía los orbes blancos en mi habitación. Y el sueño refleja el mismo tipo de persecución y captura que más tarde experimenté en mis abducciones.

¿También habría vivido sus propias visitas—sin memoria consciente de ellas? ¿Estaba subconscientemente al tanto de que me estaban llevando, aunque no lo recordara?

Conviene considerar el contexto cultural de la época. Aquellos sueños anteceden cualquier gran influencia de Hollywood sobre el tema de abducciones. *Close Encounters of the Third Kind* no se estrenaría hasta tres años después. *E.T. the Extra-Terrestrial* llegaría ocho años más tarde. La última gran oleada pop de los OVNIs había sido en los años cincuenta—dos décadas antes.

Además, a mi madre nunca le interesó la ciencia ficción. De hecho, la detesta. No había nada en la cultura popular que pudiera haber sembrado esas imágenes en su mente.

Con todo esto, no puedo evitar pensar que la implicación de mi madre no se limitó a lo ocurrido en 1953. Pudo haber sido visitada mucho tiempo después del incidente de la Avenida Clugston e incluso junto conmigo, sin darse cuenta conscientemente.

Si fue así, ¿cuánto sabía en realidad, aunque solo fuera a nivel subconsciente?

La intuición de una madre es poderosa—casi un instinto primario cuando se trata de proteger a un hijo. Si la visitaban junto conmigo, es posible que, en vigilia, no supiera lo que ocurría. Pero algo dentro de ella debió reconocer el patrón, debió sentir que me estaban llevando. Esos sueños—repetidos una y otra vez—sugieren una conciencia que no podía articularse, pero que su mente se negaba a soltar.

Nunca recordó ver los orbes blancos en estado de vigilia. Y, sin embargo, allí estaban, persiguiéndola en sueños: una fuerza implacable de la que nunca podía escapar. ¿Cómo sueña alguien con algo que nunca ha visto? Si los orbes quedaron impresos en su subconsciente, ¿significa que alguna vez los presenció y que la memoria fue enterrada?

La parte más sobrecogedora de su sueño es el desenlace. Siempre, sin excepción, yo desaparecía.

Su miedo no era por ella; era por mí. Incluso en ese mundo onírico alterado, donde los límites entre memoria e imaginación se difuminaban, su mente repetía el mismo resultado: los orbes me llevaban, y ella quedaba atrás para despertar en pánico. ¿Qué dice eso sobre lo que, en el fondo, comprendía?

La mayoría de los abducidos lidia con la soledad—la imposibilidad exasperante de probar lo que les ocurrió. Pero ¿y si la "prueba" siempre estuvo ahí, no como recuerdos claros, sino como huellas en las mentes de quienes nos rodean? ¿Cuántos abducidos tienen familiares que han percibido sus ausencias de formas que no comprenden conscientemente? ¿Cuántos padres, parejas o hermanos han sido perseguidos por sueños inexplicables, ráfagas de miedo o momentos de pena sin causa—sin darse cuenta de qué era lo que estaban lamentando?

Estas visitaciones no afectan solo a individuos. Se propagan en ondas, se incrustan en las familias, abarcan generaciones y alteran sutilmente el curso de nuestras vidas sin que lo sepamos. Si mi madre soñaba con estos hechos mientras yo los vivía, entonces mis abducciones no eran solo mi realidad. También eran la suya.

Puede que no recordara. Pero *sabía*. Y eso, más que nada, me dice que lo que me ocurrió nunca iba a permanecer en secreto para siempre.

Al mirar atrás, me doy cuenta de lo extraño que es que mis primeras experiencias con lo desconocido no se enraizaron en el terror o el dolor, sino en algo mucho más ambiguo: algo que contenía belleza y violación a partes iguales. Los orbes no fueron violentos. No gritaban, no perseguían, no dañaban en el sentido convencional. Y sin embargo, su presencia me alteró. Entraron en mi espacio sin permiso. Cruzaron umbrales destinados a mantenerme a salvo. Me dejaron inconsciente y volvieron una y otra vez con un propósito que yo no podía ver, solo sentir. Me marcaron. Y al hacerlo, reescribieron el fundamento de lo que creía que la realidad podía ser.

Durante muchos años creí que esas visitas terminaron en 1974. Me decía que el orbe simplemente dejó de venir tras aquel encuentro final en el hospital. Pero la verdad, como comprendería décadas después, es que la naturaleza de las visitas cambió. Evolucionaron. Lo que empezó con luz más tarde tomó forma. Lo que comenzó como una presencia radiante terminaría revelándose como seres que ya no necesitaban ocultarse detrás del resplandor. Salieron de la luz... y entraron en la habitación.

No sé por qué me eligieron. No sé si Tommy estaba destinado a sanar o si yo estaba destinado a creer que lo había sanado. Tal vez ambas cosas. Pero sí sé que no fui solo testigo de estos hechos. Fui participante. Por pequeño que fuera, por joven que fuera, estuve implicado en algo inexplicable. Algo que me acompañaría el resto de mi vida.

Y mi madre—ya sea por intuición o por sus propias experiencias reprimidas—también quedó enredada. Sus sueños no eran advertencias. Eran ecos. Refracciones de lo que realmente ocurría tras el velo de la vida normal. Y los orbes fueron la primera ruptura de ese velo.

Hoy no veo a esos orbes como anomalías, sino como *centinelas*: exploradores de una inteligencia mayor que más tarde se mostraría con mayor claridad. No eran aleatorios. Eran preparatorios. Y, aunque entonces no lo sabía, aquellos encuentros tempranos pusieron los cimientos de todo lo que vendría después. Lo que comenzó en luz un día volvería en forma.

3

A TRAVÉS DE UN
ESPEJO, OSCURAMENTE

En los veinte años siguientes no me ocurrió nada relacionado con ovnis ni con encuentros de abducción—al menos que yo recuerde. De 1975 a 1987 cursé la escuela pública, llevando una vida muy normal, medio-occidental y suburbana. Disfruté a mi familia y a mis amigos mientras forjaba recuerdos en su mayoría agradables que me acompañan de por vida. De 1987 hasta principios de los noventa estudié en Iowa State University: me especialicé en Inglés con énfasis en redacción técnica y comunicación. También tomé varias optativas de ciencias—astronomía y física—porque siempre me fascinó lo que hay más allá de nuestro mundo. Hasta hoy sigo viendo documentales sobre galaxias, exoplanetas, agujeros negros y toda clase de fenómenos estelares. Los misterios no se limitan a la Tierra, y mi asombro siempre se ha extendido al vacío estelar mientras intento comprender qué somos y hacia dónde podríamos ir en un futuro que quizá yo no vea. Mis hermanos nunca sintieron esa compulsión. Tampoco mis amigos de la infancia. ¿Por qué yo sí? ¿Por qué esa sed de lo esotérico y lo desconocido?

Para 1994 ya me había mudado de la casa de mis padres a un departamento en Wheeling, Illinois, con mi mejor amigo, Joe Witkowski. Compartíamos un dos-ambientes. Yo trabajaba en una editorial de revistas técnicas en Des Plaines, en producción gráfica, y Joe era técnico itinerante de montacargas. Era divertido por fin ser independiente y estirar las alas como adulto joven. Mientras me asentaba en esa libertad, estaba a punto de vivir algo nuevo—algo que no entendí sino hasta hace poco.

Durante casi veinte años, los misterios de mi niñez se habían desvanecido al fondo. No tenía recuerdos de abducciones, ni orbes extraños en mi habitación, nada que sugiriera que lo desconocido aún me reclamaba. Crecí, fui a la universidad y construí una vida partiendo de la creencia de que lo que fuera que pasó en mis primeros años—si es que realmente pasó—quedaba en el pasado. Seguí adelante, sin saber que aquel no era un final sino un intermedio.

El pasado no había terminado conmigo. En una mañana cualquiera de sábado, en agosto de 1994, ocurrió algo imposible de ignorar.

1994

El 20 de agosto, tercer sábado del mes, dormía alrededor de las 6:30 a. m. cuando entré en un tramo lúcido del sueño REM. El sueño lúcido es un umbral extraño—uno está dormido, pero consciente de estarlo, y a veces puede influir en la dirección del sueño. En ese momento reconocí la oportunidad: podía quedarme dentro y conjurar algo caprichoso para explorar, o podía simplemente despertar y comenzar el día. Elegí lo segundo. Tenía planes y quería adelantarme.

Pero, pese a mi intención, algo imprevisto tomó el control de mi conciencia. Se desplegó un sueño nuevo, no nacido de mi imaginación sino impuesto. Se sentía como una superposición visual forzada—como un canal pirateado emitido en mi mente. En la parte alta de mi campo de visión apareció una hoja de arce suspendida a contraluz. Verde y prístina, con sus delicadas venas y estructura celular iluminadas en detalle mientras el sol la atravesaba. Y, de manera extraña, yo parecía rotar bajo la hoja, como si flotara sin peso, girando lentamente en el mismo lugar. Una melodía de cajita musical acompañaba la escena—dulce y artificial, dando vueltas con una constancia inquietante. Habría sido hermosa si no hubiese parecido tan incorrecta.

Incluso en ese estado noté que algo fallaba. Yo había intentado despertarme, pero esa visión se había colado a codazos en mi conciencia, una distracción diseñada para tenerme quieto. No era mía. Solo ese reconocimiento cambió mi estado. Aunque tenía los ojos cerrados, empecé a registrar sonidos del mundo físico. El zumbido constante del ventilador seguía ahí, ofreciendo su ruido blanco habitual, pero debajo oí movimiento—ropa rozando a ambos lados de la cama. Unos cepilleos suaves, como tela deslizándose sobre las sábanas. Alguien—quizá más de uno—estaba en mi habitación.

Un latigazo de pánico me recorrió. Intenté abrir los ojos, pero no pude. El cuerpo no respondía. Estaba paralizado, clavado por una fuerza invisible. La imagen de la hoja continuaba, nítida y ajena, como tratando de apaciguarme con serenidad mientras mis instintos gritaban lo contrario. Me resistí, forzando la voluntad contra aquello que me inmovilizaba. Tensé los músculos. Empecé a agitarme con dificultad. El colchón vibró bajo mí mientras luchaba. Y de pronto—se rompió. Me solté.

Abrí los ojos de golpe y me incorporé jadeando. Giré la cabeza a la izquierda justo a tiempo para ver algo que jamás olvidaré: cuatro figuras humanoides pequeñas, delgadas y uniformadas con monos negros, saliendo de mi habitación como sombras huidizas ante un reflector. Se movían en sincronía perfecta—una tras otra—impulsadas a velocidad imposible. ¡Fiu, fiu, fiu, fiu! No corrían. No caminaban. Se deslizaban—o eran "tiradas"—como marionetas jaladas por hilos invisibles.

Incluso en esa fracción de segundo distinguí rasgos: cabezas grandes y pálidas con cráneos abombados. Piel lisa, gris ceniza. Ojos negros enormes que parecían absorber toda la luz disponible. Manos blancas y delicadas asomaban de las mangas. Tenían forma humana, pero no eran humanos. Su aspecto era clínico, preciso. Inhumanamente deliberado.

La puerta de mi cuarto estaba cerrada. No importó. Una tras otra, atravesaron la hoja como si no existiera—faseando a través de materia sólida sin resistencia, como espíritus o hologramas hechos reales. No hubo destello dramático ni golpe. Simplemente desaparecieron al otro lado.

Me quedé atónito, con los nervios vibrando de electricidad. Mandíbula desencajada, corazón martillando tan fuerte que lo oía en los oídos. No los perseguí—no por falta de ganas, sino porque el cuerpo se me quedó clavado en esa quietud de estupor que solo provoca la incredulidad pura. Mi primer y único pensamiento fue: "¿Qué acaba de pasar?" ¿Lo soñé? ¿Fue real? ¿Cómo puede algo moverse así?

No pude contárselo a Joe, mi compañero y mejor amigo, porque no estaba ese fin de semana. Su trabajo como técnico móvil de montacargas lo llevaba a volar por el país, con herramientas a cuestas, dando servicio en almacenes y fábricas. Su cuarto, a pocos pasos, estaba vacío. Hubiera querido tocar su puerta, solo para preguntar: "¿Viste eso?" No porque esperara validación, sino porque la necesitaba desesperadamente.

Más tarde llamé a mi padre y le conté. Necesitaba decirlo en voz alta, sacármelo de dentro. Según recuerdo, solo dijo: «Vaya». No lo desestimó, pero tampoco profundizó. ¿Qué más podía decir? No nos detuvimos en el tema; la charla siguió y el peso del momento se fue retirando. No tenía nada que añadir—ni contexto, ni memoria previa a la que atarlo. Así que lo dejé pasar.

Pero ese año no sería lo último extraño.

Poco después—semanas, quizá un par de meses—tuve otra experiencia que entonces interpreté de modo distinto. No se sintió como abducción. Se sintió como un sueño lúcido. Ahora, ya no estoy tan seguro.

Una mañana me hallé en un estado de conciencia lúcida, entre el sueño y la vigilia. Al principio todo estaba negro, hasta que percibí que alguien se inclinaba sobre mí. Un rostro apareció—al revés en mi campo de visión, suspendido sobre el mío—con las manos colocadas junto a mis orejas. No sentí su tacto, pero sí el calor de sus palmas, como si irradiara energía. La reconocí al instante. Era Leslie Krowka, entrañable vecina y amiga de mi familia. Había fallecido años antes, y verla de nuevo me llenó de sorpresa y emoción.

—¡Leslie! —dije—. ¿Qué haces aquí? Llevas tanto tiempo ausente. Todos te queremos y te extrañamos.

No sonrió. Me miró con calma, con ojos fijos, y dijo algo que me acompañó durante décadas:

—Mary te extraña.

—¿Mary? —pregunté—. ¿Quién es Mary? No conozco a ninguna Mary.

—Es ella quien me envía a ti —respondió Leslie.

Esa formulación me impactó de inmediato. *Es ella quien...* ¿Quién habla así? Sonaba formal, ritualista—como un mensajero que entrega un dictamen. El momento fue breve. Desperté de golpe, completamente alerta, sentado en la cama. Supe que no había sido un sueño cualquiera. Tenía *presencia*. Peso. Sentí que me habían visitado.

En su momento pensé que era un hecho espiritual—un mensaje del "otro lado". Pero, con los años, ya no puedo afirmarlo con certeza. De hecho, cuanto más lo pienso, menos sentido tiene. Si Mary era alguien del plano espiritual que me extrañaba, ¿por qué no vino ella misma? ¿Por qué enviar a Leslie? ¿Por qué un lenguaje tan rígido e impersonal?

Nunca conté esto a nadie—hasta ahora. Creí de veras que era una visita espiritual. Pero el tiempo ha complicado esa interpretación. No puedo evitar preguntarme si fue otra cosa—algo más calculado.

¿Por qué un rostro familiar en un sueño que se sintió más *enviado* que imaginado? ¿Por qué un mensaje salido de alguien a quien no veía en años y con palabras que parecían guion, no afecto? ¿Y quién era Mary?

No tengo respuestas. Pero, mirando todo a la luz de lo que he vivido después, no puedo ignorar la posibilidad de que también haya sido una capa del mismo fenómeno—enmantecada, suavizada y entregada en una forma hecha para sortear resistencias. Fuera espiritual o construido, solo sé esto: no fue mío. Y nunca me ha abandonado.

Si cualquiera de estos dos eventos hubiese ocurrido en aislamiento—sin repetirse—quizá los habría atribuido a rarezas de la mente. El primero podría explicarse como un caso vívido de parálisis del sueño—una alucinación hipnopómpica, que afecta a un ~12 % de la población. A menudo implican despertar paralizado acompañado de fenómenos auditivos o visuales realistas. Lo que viví aquella mañana podría archivarse así. De hecho, durante años, así lo hice.

El segundo—lo que tomé por visita espiritual—se sentía distinto, pero no menos extraño. En ese momento no lo encajé en el mismo marco. No relacioné la aparición de Leslie con lo que había visto meses antes. Y mucho menos la asocié con los orbes de mi infancia, que hacía tiempo había guardado como algo simbólico u onírico. Aquellos eran fragmentos de una edad en que la realidad aún era maleable. En cambio, estas nuevas experiencias se sentían tangibles. Inquietantes. Concretas. Pero como no ocurrió nada más—al menos nada que yo recordara—seguí con mi vida.

Y, sin embargo, algo en mí nunca olvidó del todo. Algo quedó abierto, sin resolver, esperando el día en que todo empezara a tener sentido.

1995

Un año después, mi amigo Joseph y yo dejamos de ser compañeros: había conocido a una mujer y quería dar el siguiente paso. Encontré otro departamento en la misma Wheeling: un monoambiente al que me mudé a mediados de enero. No era tan divertido vivir solo, pero era asequible y tenía suficientes muebles y electrodomésticos para equiparlo.

Fue, para mí, un año particularmente solitario. Muchos fines de semana manejaba hasta la casa de mi hermano en Lake in the Hills, Illinois, y allí festejábamos un par de fines de semana al mes. Me gustaba beber y reír con mi hermano Ron y su esposa Milly; tenían un sofá cómodo donde podía dormir si me pasaba de copas. Tenía 26 años y seguía con la mentalidad de que socializar y salir de fiesta los fines de semana era "lo que se hace". Pero incluso esa distracción se gastó con el tiempo. Diría que la mayor parte de esas visitas fueron en el primer tercio del año. Para el verano empecé a pasar más tiempo solo en mi departamento, leyendo mucho y anotando ideas.

Ese año no recuerdo encuentros de abducción evidentes. Nada como lo que viví el año anterior cuando sorprendí a cuatro grises y los vi salir a toda prisa de mi cuarto. Como leía mucho, me interesé por un libro que me dio mi padre, proveniente de la biblioteca de mi abuelo: *The Projection of the Astral Body*, de Sylvan Muldoon y Hereward Carrington. Mi ejemplar era una edición revisada de 1947 (el original, de 1929). Me interesaba porque quería intentar proyectarme "astralmente": entrenar el alma para separarse del cuerpo... estando consciente. ¿Qué puedo decir? Tenía mucho tiempo libre.

Una de las técnicas del libro consistía en enseñarse a despertar cada noche a la misma hora... elegí las 2:45 a. m. Normalmente a esa hora dormía profundamente. Cada madrugada, puntualmente, sonaba la alarma; yo la apagaba y practicaba una meditación. En esas meditaciones me daba una autosugestión post-hipnótica: despertar en la fase más profunda ya me ponía en un estado de relajación y de actividad cerebral propicios. La sugerencia era separarme del cuerpo y flotar sobre él estando consciente. Lo hice durante varias semanas. Con el tiempo mi cerebro empezó a "medio despertar" antes de que sonara la alarma. Y, tras repetir el mismo mantra—«esta noche me separaré del cuerpo»—la idea se volvió un mandato subconsciente.

Hasta que, una noche, me sentí consciente con los ojos cerrados y noté que me estaba desgarrando fuera de mi cuerpo, que yacía de costado derecho. La separación se sentía como despegar velcro. Y el sonido era parecido también. ¿Un ejemplo? Si has visto la película *Ghost* (Patrick Swayze y Demi Moore), hay un efecto sonoro cada vez que un fantasma atraviesa algo o a alguien. Es lo más parecido a la experiencia. Yo flotaba alejándome, acostado de lado. No pudo haber sido más de un par de pies, porque en ese punto me invadió una vulnerabilidad extrema—y eso me "despertó" del todo, interrumpiendo el proceso. Volví con un sacudón. Respiraba con fuerza, abrí los ojos y miré la habitación a toda prisa.

En otra ocasión desperté ya fuera del cuerpo, mientras yo yacía boca arriba. ¡El revoque texturado del techo estaba a pulgadas de mis ojos! Desencarnado, flotaba junto al cielorraso. Y, como antes, me asusté y regresé con un estremecimiento, despertando del todo cuando terminó. Decidí que no quería volver a pasar por eso. Es difícil describir lo vulnerable que uno se siente. La analogía más cercana: estar en campo abierto cuando se aproxima una tormenta eléctrica; solo quiero entrar a resguardo y no ser lo más alto bajo los relámpagos. El 4 de julio de 1994 vi un rayo pulverizar un árbol a 50 yardas de donde estaba, en Des Plaines. Desde entonces no tolero estar afuera durante una tormenta. Pues bien, mi aversión a la "proyección astral" terminó siendo una especie de fobia.

Menciono estas experiencias porque precedieron un episodio que me dio una pista de que quizá fui visitado en ese periodo. Aunque no puedo asegurarlo. Una noche de julio de 1995 me volví lúcido durante el sueño. No soñaba imágenes—todo estaba oscuro. Tenía los ojos cerrados, pero la mente despierta. Al notar ese estado hipnótico-vigil, espontáneamente hice una pregunta sin antecedente ni premeditación: «Me pregunto si ELLOS podrían mostrarme cómo es Dios».

Ahora, al mirar atrás, no tenía motivos para pensar en un "ellos" en mi vida. ¿Quiénes son "ellos"? ¿Por qué pediría nada a un "ellos"? Pero mi mente subconsciente tenía acceso a la consciente, y quería saber si *ellos*—quienquiera que fuesen—podían mostrarme cómo era Dios.

Apenas intenté responderme «no, ELLOS no harían eso», una imagen irrumpió en mi mente—tajante, deslumbrante y temible.

En el color magenta más vivo, apareció lo que parecía un dibujo lineal de un gran ojo con alas emplumadas extendidas. Detrás, una serie de rectángulos concéntricos que irradiaban desde el centro hacia afuera. Parecían pulsar con energía: el magenta neón se intensificaba en cada rectángulo anidado a medida que la onda avanzaba hacia el borde. Nunca había visto algo así. Pero más que la imagen, era la inteligencia y el poder detrás de ella. Aquello estaba VIVO— por falta de mejor palabra. Sentí que me CONOCÍA, y un zumbido grave como un retumbo bajo me atravesó el alma. Sentí miedo reverente. La visión duró unos quince segundos.

En 1995 jamás había visto ese símbolo. Pero supuse que, como símbolo, el ojo representaba la omnisciencia y las alas, la omnipresencia y el poder. Si alguna cultura quisiera un emblema de Dios acorde a las alegorías humanas, un ojo alado sería perfecto, ¿no?

Tiempo después hojeé un libro de arte egipcio y lo vi: el disco solar alado, asociado a Horus o Ra, coronando templos y grabado en relieves antiguos. Se me detuvo el corazón. La semejanza era inmediata e innegable. Era la misma imagen fundamental que había aparecido en mi sueño—una presencia que todo lo ve, con alas. Pero lo que más me inquietó fue su antigüedad.

Los egipcios no fueron los primeros. Al profundizar, encontré una versión sumeria aún más temprana, vinculada a los anunnaki, los "dioses" de Mesopotamia. El motivo conservaba los rasgos definitorios: un disco central con alas extendidas, a veces con una figura dentro, otras con un emblema ocular. Era un símbolo de autoridad cósmica, colocado sobre reyes, templos y narrativas celestes. Donde aparecía, representaba dominio, omnisciencia y control. En Egipto se ligaba al sol, la realeza y la omnipresencia de los dioses; en Mesopotamia, a los anunnaki, vigilantes celestes que descendían del cielo. Babilonios y asirios lo incorporaron en Marduk y Ashur, reforzando que no era solo religión: era marca de gobierno, vigilancia y dominio.

Entonces me cayó otra ficha: los rectángulos concéntricos que vi pulsar detrás del ojo alado. Al principio pensé que eran un marco para enfatizar la intensidad. Pero surgió otra perspectiva: ¿y si no eran meras figuras geométricas? El patrón escalonado y anidado recordaba con inquietante precisión otra cosa: *una pirámide vista desde arriba*. Si es así, el símbolo no solo representaba divinidad o poder; se conectaba con una forma arquitectónica enigma milenario. La idea de un disco/sol alado sobre una pirámide encaja demasiado bien con representaciones antiguas de autoridad celeste y conocimiento descendiendo a la Tierra.

Entonces no tenía respuestas. Pero cuanto más investigaba, más preguntas surgían. El *Libro de Ezequiel* describe a los *ofanim*—ruedas dentro de ruedas, llenas de ojos, moviéndose de formas incomprensibles. Algunos creen que Ezequiel vio algo tecnológico, no sobrenatural. Los serafines, seres de fuego con múltiples alas, resuenan con el carácter radiante y pulsante del símbolo. El Ojo de la Providencia, presente en tradiciones esotéricas—desde logias masónicas hasta rosacruces—es otra variación del arquetipo: una fuerza omnipotente que observa desde lo alto. ¿Sembró la humanidad su concepto de vigilancia divina a partir de encuentros reales? ¿Interpretaron las culturas antiguas fenómenos aéreos avanzados con el marco limitado de su época? Y si es así, ¿estaban los Grises en esa ecuación? ¿Me mostraron algo anterior a nuestra historia escrita?

Existe otra posibilidad—más inquietante. ¿Y si la visión no pretendía responder a mi pregunta? ¿Y si quería *recordarme* algo olvidado? Cuando pregunté si "ellos" podían mostrarme cómo es Dios, conscientemente no pensaba en los Grises. En ese tiempo ni siquiera me consideraba abducido. Pero mi subconsciente sabía exactamente a quién preguntar. Eso, por sí solo, da para pensar. ¿Había visto ese símbolo antes, fuera del recuerdo consciente? ¿Me lo mostraron en un encuentro que ya no recuerdo? Si los Grises fueron quienes lo proyectaron en mi mente, no solo lo conocían: lo consideraban lo bastante significativo como para implantármelo en un momento decisivo. Y si es así, ¿por qué? ¿Fue una mera reafirmación—una forma de marcar su papel de vigilantes, de quienes están al mando? ¿O algo más—algo ligado a una realidad más profunda que la humanidad solo ha vislumbrado a través de mitos e interpretaciones religiosas?

Las implicaciones me acosaban. Si los Grises forman parte de una presencia de tan largo alcance, su intervención en la historia humana es mucho más honda que simples experimentos genéticos. No son solo visitantes. Tal vez sean arquitectos de algo mucho más antiguo. La visión me dejó más preguntas que respuestas. Pero algo quedó claro: incluso en mis momentos más tranquilos, *algo* seguía observando. Y, como antes, yo no tenía cómo saber cuándo volverían.

Muchos años después la visión regresó de forma inesperada—no por otro encuentro, sino por algo mucho más mundano. En una feria local de artesanías vi colgado en un puesto el proyecto de lana de un niño: hilos de colores vivos enrollados en capas alrededor de dos palitos cruzados, formando un patrón de cuadrados concéntricos. Me congelé. Me golpeó una familiaridad inquietante. Aunque no había ojo alado, la geometría—cuadrado tras cuadrado irradiando desde un punto central—era inconfundible. Reflejaba la visión de 1995, detrás del gran ojo magenta. Estaba rotulado *Ojo de Dios*.

Nunca me había fijado en ellos, pero supe que eran artefactos sagrados en su contexto original—tejidos por los huicholes y otros pueblos indígenas de México y Sudamérica. El punto central representa la mirada divina y los cuadrados circundantes, capas de percepción o expansión de la visión espiritual. Se crean para ofrecer protección, comprensión y visión. Literalmente se nombran por lo que vi—pero sin el ojo. Solo quedó la geometría radiante. Y no pude evitar preguntarme: ¿por qué omitir el ojo? ¿Se perdió con las generaciones? ¿O alguna vez fue demasiado sagrado para representarlo? Entonces llegó el pensamiento: ¿y si yo vi la *versión completa*?

Esa realización abrió una puerta más honda. Empecé a trazar el patrón y no era solo México. Pirámides escalonadas idénticas se alzan en Guatemala y Camboya—separadas por océanos, pero compartiendo principios arquitectónicos, alineaciones astronómicas e incluso plataformas ceremoniales en sus cimas. Discos solares alados, casi indistinguibles, adornan templos en Egipto y Mesopotamia—siempre sobre reyes y dioses, señalando su derecho divino y su origen cósmico. Figuras con cabeza de ave y misteriosos "bolsos" aparecen talladas en la antigua Sumeria—y otra vez en templos y artefactos del Ecuador—con posturas e implementos inquietantemente similares. Esos "bolsos" se muestran junto a árboles de la vida, vasijas de agua o portales—quizá no herramientas, sino símbolos de poder, hasta dispositivos de transporte o transformación. Símbolos en espiral y miradas omni-presentes observan desde bajorrelieves asirios y códices mesoamericanos—ojos dentro de ruedas, soles dentro de cuadrados; a veces con plumas, a veces con alas, siempre centrados. La misma idea, repetida por todo el mundo: una inteligencia que mira desde arriba, incrustada en geometrías en capas que resuenan hacia afuera como anillos de la realidad. A veces es un sol. A veces un disco. A veces un dios. A veces solo los cuadrados. Pero la forma perdura—como si cada cultura hubiese tocado el mismo recuerdo y lo hubiese esculpido en lenguas distintas.

¿Qué tal si no son mitologías paralelas, sino ecos culturales de una memoria compartida? ¿No solo imaginación, sino contacto? ¿No coincidencia, sino *convergencia*? Empecé a sentir que el ojo alado que vi no era único en absoluto. Solo estaba recordado de maneras distintas por civilizaciones distintas. Tal vez los Grises ya lo habían mostrado antes. Y lo que me proyectaron en 1995 no fue un símbolo creado para mí... sino algo antiquísimo, repetido otra vez, desde una biblioteca más vieja que la memoria.

4

UNA VIDA INTERRUMPIDA

Dos años después de aquel incidente en mi dormitorio conocí a Nancy, una compañera de trabajo en Cahner's Publishing. Fue un viernes, 7 de junio de 1996, cuando, después del trabajo, una amiga en común llamada Peggy Anderson me invitó a una happy hour con gente de Cahner's. La reunión fue en un restaurante Moretti's en Edison Park, Illinois. Conocido por su buena pizza, decente comida italiana y por ser un lugar donde tomar una cerveza con amigos, Moretti's era un favorito del grupo de revistas técnicas.

Esa noche, parte del equipo editorial de la revista *Restaurants & Institutions* estaba allí; entre ellos, mi futura esposa, Nancy. Yo trabajaba en el departamento de Producción Gráfica y, aunque a veces trataba con vendedores de varias de las revistas de la empresa, nunca había conocido a Nancy—editora asociada. Pero sí conocía a su compañera Peggy y confié lo suficiente en su criterio como para unirme al grupo y que me presentara a esa mujer cautivadora de la que me había hablado.

Aquella noche, Nancy y yo congeniamos de maravilla. Me impresionó su personalidad abierta y extrovertida—un contrapunto perfecto a mi carácter más reservado. Me contó que era actriz aficionada, que hacía teatro local. También había tomado clases y actuado en el "Improv Olympic", donde aprendió con su fundador, Del Close, y tuvo oportunidad de coincidir con el comediante Stephen Colbert, que seguía vinculado a iO en sus años allí. Como creativo, aprecié su creatividad en un medio que me era ajeno. Me gustó su calidez y franqueza—esa forma de hablar sin muchos filtros sociales—que, en ella, resultaba encantadora y le funcionaba. Nancy era popular en sus círculos; disfrutaba hacer reír a la gente. Convertía cada reunión social en una especie de fiesta donde podía "actuar" para deleite de sus amigos. Aquella noche nos intercambiamos teléfonos. Empezamos a salir y, a los pocos meses, ya teníamos una relación seria. Yo tenía 27 y ella 33—apenas unos días mayor que mi hermano Ron.

A los seis meses, Nancy y yo nos comprometimos. Y en octubre de 1997 nos casamos en una ceremonia tradicional en la iglesia, rodeados de amigos y familia. Seis meses antes habíamos alquilado un departamento en Arlington Heights, Illinois—que compartimos hasta la boda y durante su posterior embarazo, que comenzó en febrero de 1998. Para octubre habíamos comprado una casa en Hoffman Estates, Illinois, y pasamos un mes acondicionándola antes de que llegara el momento del parto.

En noviembre dimos la bienvenida al mundo a nuestra hija, Miranda. Yo estaba emocionado y nervioso durante el trabajo de parto, pero algo cambió dentro de mí en el instante en que nació. Me sobrecogió la emoción. Lloré. Todo mi ser se inundó de amor, gratitud y asombro. Físicamente, Miranda era perfecta, y pasó el examen del pediatra con sobresaliente: hermosos ojos marrones, un mechón de pelo castaño y ese brillo inconfundible de salud. En medio de todo, yo soñaba con construir los cimientos de un futuro precioso: nuestra casa, nuestra hija, nuestra vida juntos.

En sus primeros doce meses fue la niña más luminosa y feliz que alguien podría pedir: curiosa, atenta, llena de vida. Hacia los catorce meses ya intentaba "leer" sus cuentos, pasando páginas y copiando la manera en que su madre y yo deslizábamos los dedos por las palabras. Balbuceaba sílabas—«da da da da», «do do do do», «ba ba ba ba»—imitando la cadencia del habla como si las palabras estuvieran

Angustia en las Sombras:

a punto de alcanzarla. Estaba a nada de empezar a hablar con precocidad—a nada de despegar.

Durante un tiempo, sí construimos la vida con la que había soñado. Pero, en un abrir y cerrar de ojos, todo cambió. En enero de 2000, Nancy y Miranda quedaron permanentemente discapacitadas al mismo tiempo, y la vida que yo había imaginado se desmoronó en algo irreconocible.

El mes anterior, en diciembre de 1999, nuestra hija de 15 meses recibió su ronda programada de vacunas pediátricas, incluida la triple vírica (sarampión, paperas, rubéola). Al principio no le dimos importancia—era un trámite de rutina que todos los padres cumplían. Pero Miranda hizo de inmediato una fiebre de 105°F que no cedió durante casi una semana. Su cuerpecito ardía, y cuando por fin bajó la fiebre, algo había cambiado. Perdió sus primeras emisiones de lenguaje, dejó de hacer contacto visual y desarrolló problemas gastrointestinales persistentes que los médicos no lograban explicar. Era como si algo dentro de ella se hubiese apagado.

Mientras tratábamos de entender qué le ocurría a nuestra hija, algo igual de devastador golpeó a la familia. El virus vivo del sarampión presente en la vacuna de Miranda había "excretado"—un fenómeno que apenas comprendía entonces—y había infectado a Nancy, muy probablemente durante un cambio de pañal. Lo que siguió fue una pesadilla.

Un día de enero de 2000 llegué del trabajo, entrando por la puerta principal. Como era de esperar, Miranda corría jugando, y Nancy estaba recostada en el sofá, apática, viendo la televisión. A primera vista todo parecía normal, pero noté que Miranda había tirado una maceta que solía estar en la mesita auxiliar. La tierra se había esparcido por la alfombra nueva del salón y la maceta y la planta yacían separadas en el suelo.

Desconcertado, le pregunté a Nancy qué había pasado. Me miró con una expresión confusa, como de alguien ebrio o "colocado". Bajó la vista hacia la planta y la tierra en el suelo y dijo simplemente: «Ah, sí...», dejando la frase en el aire mientras hacía un gesto despectivo con la mano derecha y volvía a fijar la mirada en la tele.

De pie en el recibidor, tratando de entender la escena, pregunté: «Nancy, ¿por qué no recogiste la planta? ¿Por qué no pasaste la aspiradora? ¿Estás bien?»

«Estoy bien», respondió. Pero estaba claro que no lo estaba. Llamé a su hermano Joseph, que vivía cerca. Tras una breve conversación, insistió en que la llevara a urgencias. Estuve de acuerdo.

Después de que su hermano y su pareja, Angelo, llegaron para cuidar a Miranda, llevé a Nancy al Northwestern Memorial Hospital, en Evanston, Illinois, a una hora hacia el este. Su doctora estaba allí y el hospital aceptaba nuestro seguro.

Durante las pruebas, Nancy se mostraba débil y confundida. Cuando le hacían preguntas, olvidaba lo que acababa de hacer. Lo peor: había olvidado que teníamos una hija—y que había dado a luz a nuestra niña dieciséis meses antes. Era el año 2000, pero ella estaba convencida de que era 1986, una década antes de conocernos. Arrastraba las palabras, enredaba los pensamientos. Era como ver cómo se deshilachaba la mente de mi esposa ante mis ojos.

Cuando los médicos me enseñaron las imágenes de la resonancia de Nancy, se me heló la sangre. La imagen parecía pan con pasas: lesiones por todos los lóbulos del cerebro. El neurólogo dijo que era el peor brote de esclerosis múltiple que habían visto jamás. Me quedé allí, en shock, sin poder procesar lo que veía. "Brote", lo llamaban. ¿Brote? Como si lo hubiese tenido siempre. Pero Nancy había parecido perfectamente sana antes de esto. El término no encajaba. Los médicos no tenían respuestas, solo tratamientos: plasmaféresis para "limpiar" la sangre, retirar las lesiones del cerebro y tratar de frenar el daño.

Durante un mes entero, Nancy permaneció ingresada en Northwestern. Cada noche, después del trabajo, manejaba directo al hospital para estar a su lado, mientras mis padres cuidaban de Miranda. Estaba aterrado. Necesitaba a Nancy. No podía con todo yo solo. Recuerdo estar de pie en aquel pasillo frío del hospital, con las manos temblándome, preguntándome cómo se supone que iba a mantener unida a mi familia cuando a mi esposa y a mi hija me las habían arrebatado—una por la enfermedad y la otra por el silencio.

Angustia en las Sombras:

Cuando al fin dieron el alta a Nancy, nunca volvió a ser la misma. Cuatro meses después, a Miranda le diagnosticaron oficialmente "TGD-NE (Trastorno Generalizado del Desarrollo—No Especificado), con autismo". Esto significaba que estaba dentro del espectro autista pero además presentaba discapacidad intelectual grave. Nuestra familia se estaba deshilachando antes de haber llegado a ser plenamente.

AÑOS DE SUPERVIVENCIA

En los siete años siguientes me convertí a la vez en sostén y cuidador de mi esposa y de mi hija. Cada año la condición de Nancy empeoraba, mientras Miranda crecía—más grande, más fuerte y más difícil de manejar—siendo no verbal, de bajo funcionamiento e hiperactiva.

Al principio, Nancy aún podía ser ama de casa: llevaba a Miranda a terapias, hacía recados. Pero para 2005 empezó a perderse al volante, incluso en sitios conocidos. El supermercado, a minutos de casa, se volvió un laberinto imposible. Más de una vez me llamaba desde el auto, llorando, en pánico, completamente desorientada—con Miranda en el asiento trasero.

Cada vez me quedaba con ella al teléfono, la voz firme aunque el corazón me martillara, guiándola a casa giro a giro como un operador de emergencias. Cuando por fin entraba en el garaje, yo respiraba hondo, tragándome el pánico, sabiendo que solo iría a peor. Para 2006, su capacidad de conducir con seguridad prácticamente había desaparecido, y me vi obligado a quitarle el coche—una decisión que su familia apoyó.

La madre de Nancy (y a veces sus hermanos) ayudaban cuando podían: contrataron a una limpiadora e incluso gestionaron nuestras cuentas cuando Nancy ya no podía con las finanzas. Pero, a esas alturas, tanto Nancy como Miranda sufrían incontinencia. Después de una jornada completa, yo volvía a casa para limpiar tras ambas.

Algunas noches, Miranda embadurnaba las paredes con el contenido del pañal, creando lo que, con humor negro, empecé a llamar "frescos fecales". Otras noches, Nancy tenía sus propios accidentes.

Me hice experto en limpiar excremento. Tanto, que dejó de darme asco: era otra parte de la vida. Pero yo estaba exhausto.

Para 2008, el comportamiento de Nancy cambió drásticamente. Se volvió beligerante, impaciente, errática—me gritaba, incluso en público. Ya no era fiable a solas con Miranda, que ahora era una escapista. Salía disparada de la casa sin aviso y sin noción del peligro. A veces corría hacia la calle transitada. O salía en pleno invierno, en pijama. Y Nancy estaba demasiado frágil, neurológicamente, para perseguirla o sujetarla cuando se ponía difícil. Contratamos a una cuidadora a través de servicios sociales, pero no bastaba. Yo estaba estirado al límite entre un trabajo a tiempo completo, las necesidades especiales de mi esposa e hija, la mayor parte de las tareas domésticas y de cocina, y la preocupación por cada nueva crisis que aparecía varias veces a la semana.

Empecé a tener ataques de pánico. Se me entumecían las manos, se me cerraba el pecho y no podía respirar. Antes de entender que eran ataques de pánico, hubo una ocasión en que fui a urgencias a hacerme pruebas cardiacas completas. No veía esperanza en el futuro. No había paz en casa. No había escape. Con una culpa insoportable, pero tras consultar con la familia, tomé la decisión más dura de mi vida. Pedí el divorcio.

LAS SECUELAS

Esperé que la familia de Nancy entendiera. Que vieran que me estaba ahogando y no podía cuidar de las dos yo solo. Necesitaba que su familia se hiciera cargo de ella. Y aunque estaba seguro de que lo harían, pensé que podría mantener una relación cordial con ellos. Pero, en cambio, su madre emprendió una guerra contra mí.

El divorcio se alargó trece meses—no porque tuviéramos algo que repartir, sino porque la madre de Nancy estaba decidida a dejarme sin nada. La lucha cortó para siempre los lazos entre nuestras familias. Cuando terminó, no volví a ver a ninguno de ellos, salvo a Nancy —y Miranda tampoco.

Esa quizá fue la mayor traición. Yo había peleado por conservar

Angustia en las Sombras:

algo de familia, y al final Miranda perdió a toda una mitad de sus parientes—no por decisión mía, sino de ellos.

ENCONTRAR PROPÓSITO EN EL DOLOR

En 2003, todavía en plena trinchera de cuidados, cofundé una organización sin fines de lucro con mi amiga Julie Duffield, madre de dos niños autistas. Julie y su esposo, Joseph, acababan de mudarse desde Salt Lake City, Utah. Nancy y yo conocimos a los Duffield en nuestro IHOP local, sentados en mesas contiguas. Conectamos por las similitudes evidentes en la conducta de nuestros hijos y diagnósticos parecidos. Joseph y Julie estaban en un hotel Extended Stay America durante un mes, mientras preparaban su casa para mudarse. Al salir del restaurante, le propuse a Nancy buscar la forma de contactar a los Duffield en el hotel e invitarlos a cenar a nuestra casa. ¡Así lo hicimos! Los Duffield se entusiasmaron con la invitación—y así empezó una amistad duradera.

Unos meses después de conocernos, Julie y yo conversábamos, lamentando cuántos misterios médicos aquejaban la salud de nuestros hijos y contribuían a sus dificultades cognitivas. Decidimos formar una organización para ayudar a padres a encontrar terapias, intervenciones médicas y otros recursos que sus hijos necesitaran. En aquellos años tempranos de internet a la mayoría de los padres les costaba encontrar respuestas.

Julie y yo fundamos "The Foundation for Autism Information & Research, Inc.", también conocida como "FAIR Autism Media". Investigamos y vimos que había varias conferencias biomédicas en el país que reunían información y recursos útiles para las familias. Decidimos recaudar fondos y comprar equipo de cámara y producción de video para documentar esos recursos y difundirlos por internet.

Viajamos por el país asistiendo a conferencias de "Autism One", la Autism Society of America y la National Autism Association, grabando entrevistas con médicos, científicos y padres, y publicando nuestro trabajo gratis en el nuevo sitio web—tendiendo un puente entre familias desesperadas y los recursos que necesitaban.

Al principio pensé que solo estaba ayudando a otros. Con el tiempo entendí... que también me estaba salvando a mí mismo.

Cada entrevista, cada congreso, cada conversación con otros padres deshechos me recordaba que no estaba solo. Que no era el único al que se le había derrumbado la vida que había imaginado. Y si no podía arreglar lo que le había sucedido a mi familia, al menos podía lograr que tuviera un sentido.

Durante diez años, esa misión me dio un motivo para seguir. Pero hacia 2013, el peso de la paternidad en solitario hizo imposible mantener responsabilidades extracurriculares. Cedí el control de la fundación a nuestro presidente del consejo en Nueva York, Michael Smith, y la vida siguió.

Pero el duelo nunca me abandonó. Yo había soñado con una familia plena. Con criar varios hijos y ser el tipo de padre que tuve la suerte de tener. En cambio, la enfermedad se llevó todo.

Durante años, mi enfoque fue la supervivencia—cuidar de Miranda, mantenerme a flote y tratar de comprender los estragos que la enfermedad había dejado. Las experiencias extrañas de mi infancia y el episodio de 1994 no tenían la menor importancia entonces; nada de eso importaba ante preocupaciones más urgentes, ni tenía el más mínimo motivo para volver sobre aquellos recuerdos. Mi mundo estaba anclado a luchas terrenales—familia, cuidados y sobrevivir.

PATERNIDAD EN SOLITARIO Y AUTISMO

El peso de la paternidad en solitario fue como nada que hubiera conocido. Mientras la mayoría volvía a casa a descansar, yo volvía a un segundo turno—hecho de cuidados, gestión de crisis y un zumbido constante de ansiedad. Miranda requería atención continua. Al volver del colegio no podía quedarse sola ni unos minutos. Por un tiempo, tuve la suerte de contar con cuidadoras asignadas por servicios sociales—jóvenes que llegaban poco antes de que el bus escolar la dejara en casa. La recibían, la ayudaban a acomodarse y se quedaban hasta mi regreso del trabajo. Sobre el papel, el plan era manejable. En la práctica, estaba lleno de grietas.

Las cuidadoras se reportaban enfermas con frecuencia. O renunciaban sin aviso. Algunas no se presentaban, y yo me enteraba cuando el bus escolar aparecía en la entrada sin nadie para recibirla. En esos días tenía que salir del trabajo a la carrera—avergonzado, pidiendo disculpas, tratando de ganarle al reloj. Sabía que mi jefe tenía un límite. Y cada excusa de último minuto agotaba su paciencia. No había red de seguridad. Solo yo.

El estrés era implacable. Me preocupaba no solo por las necesidades diarias de Miranda, sino por mi empleo, mi capacidad de mantener un techo y qué pasaría si yo enfermaba o me lesionaba. No tenía el lujo de derrumbarme. No había pareja en quien apoyarme, ni familiar que pudiera relevarme. Tenía que seguir en pie.

Intenté salir con alguien durante esos años. Al principio pensé que quizá sería posible volver a encontrar compañía—reconstruir algo parecido a una vida "normal". Conocí mujeres en sitios de citas; muchas eran amables y aceptaban quedar a cenar. Pero cuando la conversación giraba a mi vida en casa—la condición de Miranda, su nivel de discapacidad, la exigencia de criarla solo—les veía apagarse la expresión. No eran crueles; eran honestas. La mayoría, simplemente, se alejaba.

Incluso mis amigos empezaron a desvanecerse. Siempre rechazaba invitaciones—fiestas, cenas, quedadas de fin de semana—porque casi nunca tenía cobertura. Con el tiempo, las invitaciones dejaron de llegar. Lo entendí. Cada quien tiene su vida. Pero me dejó hondamente aislado. Mi mundo era pequeño, limitado al trabajo y al cuidado, con poco tiempo para nada más. Y no mucha gente comprendía cómo era mi vida por dentro.

Aun así, no todo fue penuria. Hubo momentos que, en medio del cansancio y el estrés, se sentían como gracia. Cuando la casa estaba en calma y Miranda se sentaba tranquila en el sofá con su iPad—absorta en la alegría de su música—yo pausaba lo que estuviera haciendo solo para mirarla. Sus dedos se deslizaban con delicadeza por la pantalla, los ojos fijos, el gesto sereno. A veces sonreía para sí, y yo... me derretía. Se veía tan hermosa en su calma. Todo mi trabajo, todo mi esfuerzo—era para proveer momentos como ese.

Otras veces, cuando se cansaba de la música, venía hacia mí, se trepaba a mi regazo y apoyaba la cabeza en mi hombro. Siempre me tomaba por sorpresa. Era como si un ángel decidiera posarse—no con palabras, sino con presencia. No necesitaba hablar. Su amor era inconfundible y perfecto.

Y estaban nuestros paseos—siempre en el parque local de Hoffman Estates. Fabbrini Park es un oasis suburbano grande, bonito y bien equipado: juegos infantiles, canchas de tenis, diamantes de béisbol y campos de fútbol. Pero también un sendero pavimentado precioso que serpentea alrededor y entre dos lagos artificiales que reflejan el cielo, con sauces que inclinan sus ramas hacia el agua. A menudo lo visitaban aves grandes: patos, gansos, garzas y grullas. Caminábamos por el sendero curvo juntos, a menudo en silencio, a veces de la mano. A Miranda le encantaban los columpios, la fauna, el viento. Y yo amaba esos momentos. Eran tranquilos, ordinarios, y lo eran todo.

Esos momentos me mantenían en marcha.

Durante años, esa fue la esencia de mi existencia. Enraizada en la rutina y sostenida por la necesidad, mi vida no se parecía en nada a la realidad que se cernía en el horizonte. El contraste entre las preocupaciones miopes de la paternidad y las revelaciones cósmicas que se acercaban desde las sombras no podía ser más marcado ni más desconcertante. Pero, pese a ese contraste y a mis intentos de examinarlo, las divisiones eran grises y difusas—y mi vida se llenaría con la angustia de preguntas sin respuesta por venir.

5

A TRAVÉS DE OJOS ABIERTOS

Veintiséis años después del incidente en que vi a los grises en el dormitorio de mi apartamento, yo era un padre soltero y ama de casa criando a mi hija con autismo profundo durante la pandemia de COVID. Su escuela llevaba ya varios meses cerrada y casi no existían servicios de cuidado infantil que me permitieran trabajar. Así que me las arreglaba con proyectos de diseño gráfico como freelance y alquilando habitaciones por Airbnb para llegar a fin de mes.

A principios de marzo de 2020 empecé a notar cosas extrañas que sucedían en mi dormitorio entre la hora de acostarme y la de despertar. Una de las primeras: al levantarme, el edredón aparecía girado noventa grados—era fácil verlo porque tenía grandes franjas doradas y negras. Aquello era inusual, porque ni en mis peores noches de dar vueltas llegaba a desplazar la ropa de cama un cuarto de vuelta. Más desconcertante aún: mi rascador de bambú y el antifaz, que normalmente reposaban sobre el edredón, aparecían colocados con cuidado a mi lado, debajo de la sábana encimera.

Esos dos accesorios suelen acabar en el suelo si la noche fue movida. Si hubiese sido ese el caso, esperaba encontrarlos al otro lado de la cama sobre la alfombra. Pero allí estaban, junto a mí, bajo la sábana. Y me conozco: yo no los habría puesto ahí; no quiero rodar sobre un palo de bambú con una punta algo afilada que me despierte. Que el edredón estuviera girado me llamó la atención. Por sí solo no significaba nada, pero quedó registrado.

Otro incidente me sobresaltó con unos tapones de espuma que uso por la noche para amortiguar ruidos del pasillo o de la calle. Siendo anfitrión de Airbnb, a menudo me despertaban huéspedes al abrir y cerrar el baño frente a mi habitación. Esa noche me acosté con los tapones puestos y dormí bien. Al despertar noté que no los llevaba. «Seguro que me los quité sin recordar», pensé. Miré la cómoda que uso de mesa de noche esperando verlos donde los tiro siempre, cerca del generador de ruido blanco o de los candelabros, tumbados y separados unos diez centímetros; quizá uno habría rodado a la alfombra. No fue así. Los encontré de pie, colocados con delicadeza, perfectamente unidos, como si alguien los hubiera "parado" con mimo.

Nadie salvo yo vería eso como inquietante. Pero me conozco: yo no coloqué así los tapones, ni giré el edredón noventa grados.

Dos incidentes no hacen un caso, pero hubo algunos más, a intervalos de cuatro a seis semanas, y en conjunto reclamaban mi atención. Como soy soltero y, salvo mi hija en el cuarto contiguo, vivía solo, no había a quién atribuirle esos cambios. Podía descartar bromas de huéspedes: eran estancias cortas y nunca entraban en mi habitación.

Tuve que asumir que aquello se debía a algo AJENO a cualquier persona conocida: ni huéspedes, ni mi hija, ni yo. En lo profundo de mi mente asomó aquel recuerdo de hacía veintiséis años: cuatro pequeños grises saliendo de mi dormitorio a toda velocidad en 1994. Un hecho aparentemente aislado que, sin pruebas, se fue desdibujando con los años. ¿Podían ser ELLOS quienes alteraban mi cuarto? La idea era excéntrica al máximo. Aun así, hacia mediados de abril decidí hacer un experimento sencillo, con expectativas bajas.

LA SEÑAL

«Cuando eliminas lo imposible, lo que queda, por improbable que parezca, debe ser la verdad». —Arthur Conan Doyle.

Si quería averiguar si unos seres grises me perturbaban mientras dormía, tendría que comunicarme con ellos. Suponiendo que no lograría despertarme durante sus visitas, tendría que dejarles un mensaje en la pared y confiar en que pudieran leer español. Así lo hice.

Esa noche busqué en Google imágenes de un gris que se pareciera a lo que vi veintiséis años antes y lo coloqué en un pequeño póster con letras grandes de imprenta: «QUIERO RECORDAR SU VISITA. DÉJENME RECORDARLOS. NO HARÉ DAÑO.» Lo imprimí en el iMac y lo pegué sobre el cabecero. Al verlo me sentí cohibido. «¿De verdad creo que esto es posible?» Ojalá nadie entrara y pensara que necesitaba ayuda psiquiátrica. Se les perdonaría pensarlo: es cosa de locos. Lo más probable, me dije, es que no pase nada; ya lo quitaré, limpiaré la marca de cinta y lo tiraré. Y el misterio seguirá sin respuesta.

Sin embargo, la "confirmación" resultó ser un misterio mucho mayor.

Pasó una semana y me acostumbré al cartel. Ya no me daba vergüenza: estaba ahí noche tras noche. La rutina diaria—freelance, habitaciones de Airbnb, cuidados de mi hija—me volvió a absorber y el experimento empezó a aburrirme. No había motivo para retirarlo todavía. Llegó el final de la última semana de abril de 2020.

Entonces, una noche—como una bofetada inesperada—desperté de golpe hacia las 3:00 a. m., o un poco después, **en mi garaje**. Solo en calzoncillos, paralizado y suspendido por encima del suelo. Apenas sentía nada salvo el frescor del garaje, pero estaba muy consciente mientras mi cuerpo se inclinaba hacia delante para ofrecerme una vista clarísima: a unos dos metros, un pequeño gris vestido con mono negro hasta los pies me miraba fijamente. Aunque no podía mover el cuerpo, sí podía mover la cabeza. A mi izquierda estaba mi Chevy Trailblazer rojo de 2002; a la derecha, la puerta lateral hacia el patio. El gris medía un poco más de un metro; pequeño, delgado, frágil en apariencia... y, sin embargo, tenía el control absoluto de mis 1,78 m y 100 kg mientras flotaba liviano sobre el hormigón.

El gris estaba junto a la ventana lateral del garaje, cerca de la puerta. Una luz blanca intensísima entraba por la ventana, oscilando como si la fuente se moviera. Sin esa luz, el garaje habría estado completamente a oscuras.

Colgado e indefenso, observé la escena con asombro aturdido. Aunque hubiera podido hablar, no sabría qué decir. Era un estado de conciencia en shock contenido: entumecido física y emocionalmente. Tras cinco o siete segundos, el gris me habló **colocando** las palabras en mi mente, en inglés: «No podemos permitir que recuerdes nuestra visita, porque mis superiores se enterarán». Permanecí consciente dos o tres segundos más, intentando comprender lo que pasaba y lo que significaban sus palabras. Antes de poder formular una pregunta, me quedé inconsciente y desperté de nuevo en mi cama. Me incorporé y miré el reloj de la repisa de la pared opuesta: 3:35 a. m.

¿Había dormido un rato tras devolverme? ¿O desperté al instante? No lo sé; por eso solo puedo **estimar** la hora del garaje. Físicamente me sentía bien; no traumatizado. Lo compararía con estar intoxicado durante la experiencia: como si tuvieran una forma de suprimir el sistema nervioso para que los recuerdos no calen hondo y uno pueda descartarlo como un sueño vívido. Pero **no fue un sueño**. Conozco mis sueños y conozco estar despierto en mi garaje. Además, mi memoria visual es muy fuerte—soy diseñador y director de arte; pienso y recuerdo en imágenes. En ningún momento sospeché que fuera un sueño. Y eso me obliga a enfrentar la **profundidad** de lo ocurrido.

Acababa de ver a un pequeño gris, parecido a los cuatro que vi veintiséis años antes al salir disparados de mi dormitorio. Lo repito: **acaba de hablarme un gris**. Lo de 1994 no solo fue real, sino que no fue un suceso aleatorio. Estas entidades están aquí por **MÍ**. ¿Por qué? ¿Qué significa? ¿Debí suponer que volverían?

CONOCE A MI SUPERIOR

Pasé la semana siguiente como pasé muchas en el primer año de COVID: cuidando de mi hija, limpiando las habitaciones, recibiendo a enfermeras viajeras. Pero, en el fondo, flotaba el espectro de lo sucedido. No sabía cómo sentirme ni qué "hacer". Dudaba contarle a alguien. Temía que quienes me conocen recordaran lo imaginativo que fui de niño, lo mucho que jugaba a "hacer como si...". No dudarían de mi sinceridad, pero ¿y de mi juicio? Sin testigos, ¿cómo poner sobre la mesa algo fuera de todo marco de referencia? Hollywood ha mostrado de todo con alienígenas y ovnis, sí, pero de ahí a **internalizarlo** hay un abismo. «Mamá, tu niño está siendo secuestrado por alienígenas por las noches.» ¿Qué se responde a eso? ¿Qué esperas que te digan?

Al margen del miedo a hablar, sentía curiosidad—y aprensión—por si habría otro encuentro. ¿Tendría que esperar otros veintiséis años? La respuesta llegó mucho antes de lo esperado.

Una semana después del encuentro del garaje, desperté de golpe por ruidos y por la sensación de algo rozando el edredón sobre mis piernas. Abrí los ojos y me topé con **otra** mirada, a apenas doce centímetros de mi cara. Había un alienígena. Ojos grandes y negros que se curvaban hacia las sienes; nariz casi plana con hendiduras; boca pequeña; piel gris elefante, como cuero sin pulir. Le veía el rostro, el pecho y los hombros, **sin ropa**. No era como los otros: al instante supe que era más alto que los pequeños de 1994 o que el del garaje.

Él estaba **parcialmente** apoyado sobre mí: con los pies sobre la cama y las manos a ambos lados de mi cuerpo, sosteniendo el torso para que quedáramos a la misma altura de ojos. Sus ojos eran de un negro profundo con leves brillos en los bordes. Aunque la habitación estaba a oscuras, había una iluminación entre ambos sin fuente visible: suficiente para distinguir a **tres** grises pequeños en mi periferia, de pie a mi derecha junto a la cama; en sombras, pero visibles.

Al acercar su cara a la mía, sentí que pretendía que lo mirara **directamente** a los ojos. Yo, intimidado, desvié la mirada hacia su hombro derecho. Empecé a notar la textura de su piel. Estaba completamente paralizado, pero, al notar que examinaba su hombro, pareció entender que quería tocarlo. De repente pude mover **solo** el brazo izquierdo. Deslicé la mano entre nuestros pechos, apoyé las yemas sobre la parte alta de su hombro y el pulgar sobre la clavícula. Apreté y deslicé los dedos por aquella piel gris, semejante al cuero; me recordó un poco a la piel de elefante, pero más tensa y lisa. Bajo la piel no había grasa subcutánea: todo era tenso, fibroso, óseo. A los pocos instantes, mi aprensión bajó y pude alzar la mirada hacia sus ojos. ¿Qué quería? ¿Por qué habían vuelto?

Al sostenerle la mirada, acercó la frente a la mía y la tocó. **En ese instante** perdí la conciencia y entré en un sueño lúcido: de esos en los que sabes que duermes y entiendes que lo que ves no es la realidad. Y, sin embargo, fue el sueño lúcido más real de mi vida, porque **me lo dieron**. Fue **inducido**.

Tan súbitamente como caí inconsciente, me encontré en ese estado onírico, de pie sobre una calle de adoquines con ligera pendiente. Unos sesenta metros cuesta abajo había un edificio de estilo bávaro, entramado de madera; más allá, otros pares de fachada semejante: vigas marrones cruzadas y paños de enlucido blanco entre maderas. ¿Pretendían representar Alemania?

El cielo estaba iluminado por una luna llena, lo cual cuadraba: era el final de la primera semana de mayo de 2020 y, en efecto, había luna llena.

Frente a mí estaba el gris alto de piel más oscura, el mismo cuyo hombro había tocado segundos antes. Como yo, estaba de pie en la calle. Tras él había una ladera cubierta de césped con una escalera de piedra que subía desde la calle. A mi derecha había **tres** niñas idénticas, de la misma estatura, ojos azules y pelo rubio, con el mismo vestido. O, al menos, así **debía** verlas.

El gris "alto" medía alrededor de 1,57 m; las niñas tenían la estatura de los grises pequeños, unos 1,07 m. Podía hacerle preguntas, y por alguna razón sentí la necesidad de "traducir" la telepatía hablándole **en voz alta** a las tres niñas. En ese momento me dejé seducir por la idea de que eran niñas, y no los tres grises que me acompañaban en el dormitorio junto al alto.

—¿Cómo te llamas? —le pregunté.

«Syczilick», respondió, sonando claro en mi mente; no emitió sonido alguno.

Me incliné hacia las niñas y repetí:

—Dice que se llama Syczilick... o **Syliczyk**. —No estaba seguro de pronunciarlo bien. Ellas me miraban inexpresivas.

—¿Vienes de Zeta 2 Reticuli? —pregunté, volviéndome hacia él. La pregunta afloró por mi familiaridad con el caso de Betty y Barney Hill; de niño ya me atraían los ovnis y las abducciones, y en los noventa había leído más tras mi experiencia de 1994.

«Sí», respondió. Eran de Zeta 2 Reticuli.

—¿Y vuestro planeta se llama **Serpo**? —pregunté, recordando aquel presunto informe de briefing para Reagan.

«No. Nosotros no lo llamamos así».

Esperé a que dijera el nombre auténtico, pero "Syczilick" era de respuestas cerradas. Nada de voluntariedades: estrictamente negocios. Francamente, ya era mucho tener ese tipo de encuentro y poder preguntar. Ojalá se me hubieran ocurrido preguntas mejores. Pero luchaba contra la confusión en medio de un escenario inducido.

Al inclinarme otra vez hacia las niñas para decirles que el gris llamado "Syczilick" no llamaba "Serpo" a su planeta, la del medio me miró fijamente y soltó:

—¿Sabes? Eres amable. Nos dijeron que serías **malo**.

Aquello me descolocó. «¿Malo?» ¿Quién les había dicho eso? Antes de poder formular la pregunta, el sueño inducido **terminó**. Todo quedó a oscuras.

Desperté algún tiempo después: ya no estaban. El reloj marcaba las 3:45 a. m. En ese momento escuché a mi hija Miranda, en la habitación contigua, **riendo**. Salté de la cama para verla; lo primero que pensé fue: «¿Las están molestando a ella también?» Si así fuera, iba a **enfrentarme** con ellos. También podía ser que se hubiese mojado y necesitara cambio. Entré en su cuarto, iluminado por la luna llena que se filtraba por las persianas. Estaba sola, gracias a Dios. Su pañal nocturno estaba seco; solo se despierta cuando está mojada. ¿Qué pasaba? ¿La habían entretenido mientras "trataban" conmigo? Al ser no verbal, no puede contarme nada. Puede que jamás lo sepa.

Tras comprobar que estaba bien, di una vuelta por la casa para asegurarme de que estas "personas" se habían ido. De vuelta al dormitorio, me puse a procesar lo ocurrido. Era evidente que me visitan **dos** tipos de criaturas con dominio absoluto sobre mi cuerpo y mi mente. ¿Quién era este gris más alto? ¿Uno de los "superiores" a los que aludió el pequeño del garaje? ¿Vino a investigar cómo descubrí sus visitas—con el cartel? Yo estaba faroleando: no tenía más que un recuerdo difuso de hacía veintiséis años. Ahora caigo en que el pequeño que me apartó al garaje pudo estar **rompiendo protocolo**.

Puedo imaginar que, pese a su cuidado por mantenerme inconsciente y hacer lo que sea que hacen, de algún modo **los** descubrí, y mi cartel los dejó perplejos, si no alarmados. Quizá el pequeño buscó aprender algo y no pudo; por eso vino "Syczylick" a evaluarme. Puede que, en alguna memoria suprimida, me hiciera preguntas. Tal vez averiguó que sus operarios habían sido descuidados y que yo fui lo bastante perspicaz para atar cabos. Ojalá pudiera saberlo.

LAS VISITAS SE VUELVEN RUTINA

A lo largo de 2020 tuve cinco o seis visitas más en mi habitación que me llamaron la atención. Tras la visita de Syczilick, solo esperé seis semanas para volver a ver a los grises. En la madrugada del **viernes 19 de junio de 2020**, desperté por ruidos y sensaciones de movimiento pese al murmullo tranquilizador del ruido blanco. Abrí los ojos: habitación en penumbra, iluminada apenas por los números rojos del reloj al otro lado. No podía mover el cuerpo, pero sí girar un poco la cabeza. A mi derecha distinguí dos figuras de pie; al acostumbrarse la vista, supe que estaban ahí. Al mismo tiempo, oí sonidos a mi izquierda: había otras dos al otro lado de la cama. «Están AQUÍ» fue lo único que pensé.

Entonces, dos de ellos, desde ambos lados, **cruzaron posiciones** elevándose del suelo y pasando en aspa sobre mí, como levitando hasta sus nuevos lugares. Luchaba por mantenerme despierto y enfocar, pero al cruzarse sobre mi cuerpo noté un **halo** verde pálido delineando sutilmente sus siluetas. Ese halo me permitió ver sus rostros, que **parecían sonreírme**. Estuve consciente diez o doce segundos en total. Cuando terminaron de cambiar de puesto alrededor de la cama, perdí el conocimiento. Lo que hicieron después solo puedo conjeturarlo.

Al despertar con la luz filtrándose por las cortinas, sentí dolor en el conducto auditivo **derecho**, como si hubieran introducido un objeto grande que lo mantuvo dilatado demasiado tiempo. Me incorporé, toqué el oído, exploré la entrada con el índice. «¿Otitis? ¿O me metieron algo en el oído?» Fue el primer **efecto físico** que noté después de un encuentro, y me recordó otra de las primeras pistas: aquella vez que mis tapones aparecieron quitados y colocados con cuidado en la cómoda. ¿Qué pasa con mi oído derecho? ¿Usan algo en el oído para someterme? ¿Y por qué me visitan? ¿Qué hacen cuando me paralizan? La respuesta a esta última llegó en la siguiente visita.

Las seis semanas siguientes las dediqué a los cuidados de mi hija e intenté conseguir más horas para su asistente domiciliaria, Cathi. Cuantas más horas lograra, más tiempo tendría para los trabajos freelance que complementaban el Airbnb y el SSI de mi hija. Como era verano, pasábamos largas horas caminando por un parque cercano. A Miranda le encanta el sendero alrededor de los lagos artificiales y su fauna; a mí, la tranquilidad me resultaba terapéutica. Las caminatas y el silencio—mi hija no habla—me permitían reflexionar sobre lo esotérico de lo que estaba viviendo.

El **29 de julio de 2020** tuve otro encuentro en casa que me dio pistas sobre lo que hacen. Como otras veces, me despertaron las sensaciones de movimiento y los ruidos que rompían el zumbido del ruido blanco. Esta vez, al abrir los ojos, sentí cómo la sábana y el edredón se deslizaban **hacia abajo**, fuera de mis piernas. Antes de ubicarme, mi instinto fue estirar la mano para atraparlos antes de que cayeran al pie de la cama. En mi mente, simplemente se estaban resbalando—aunque nunca lo hacen. Pero no pude moverme. No pude reaccionar mientras notaba el aire fresco sobre la piel. La habitación estaba iluminada por una luz verde pálida, sin fuente visible.

En la confusión, aún no pensaba que me visitaban otra vez: solo me extrañaba no poder moverme. En esos segundos de lucidez creciente sentí **manos** y **dedos** metiéndose entre mis calzoncillos y mis caderas, y acto seguido la prenda deslizándose por mis piernas. Sentí el roce en las pantorrillas al retirarlos. Cuando, por fin, alcé la cabeza y bajé la mirada hacia los pies para ver quién hacía aquello, los calzoncillos ya estaban fuera y vi a mis visitantes.

Había **cuatro** grises pequeños: tres a mi derecha, junto al borde de la cama, y uno al pie, que en ese momento colocaba mis calzoncillos, hechos un bulto, sobre la sábana bajera, en la esquina izquierda.

Estaba desnudo. Debería haber entrado en pánico, pero me sentía extrañamente tranquilo; mis emociones estaban amortiguadas, como mis sensaciones. **Sentía** la retirada de las sábanas y la ropa interior y el frescor del aire, pero todo estaba atenuado. No tenía acceso completo a los sentidos. No entendía cómo me sentía. Lo normal sería saltar de la cama, agarrar a esos **malditos** enanos y estrellarlos contra la pared, como quien se sacude y aplasta una araña. Pero no fue así, y eso me confunde.

De pronto, mientras seguía consciente mirando al del pie de la cama, noté que mi mente se nublaba y que su rostro **se transformaba** en el de una mujer poco agraciada que conozco. ¿Qué demonios...? El gris, bajo la **pantalla mental** de esa mujer que jamás elegiría, se arrastró por el pie de la cama y sobre mis piernas, sin apartar sus ojos de los míos. «¿Quieres que te haga un *blow job*?», "preguntó" aquella "mujer". En mi trance confundido me encontré **creyendo** que estaba con una mujer y sentí que el pene empezaba a ereccionarse. «Claro», dije, atónito. En ese instante, el rostro fingió inclinarse como para practicar sexo oral, pero, en el último segundo, se apartó y, con la mano derecha, **colocó un dispositivo** sobre mis genitales. Alcancé a verlo un segundo antes de perder la conciencia: la abertura grande tenía la forma de una coquilla deportiva—una especie de triángulo curvo—y el conjunto convergía en una punta, como un cono suavizado de tres caras. **Negro**.

Permanecí consciente dos segundos después de que el cono cubriera mis genitales. No recuerdo el momento del clímax, pero al despertar más tarde noté el pene **adolorido**, como tras una relación prolongada. En aquel tiempo no estaba saliendo con nadie ni tenía actividad sexual.

Esta visita respondió, al fin, a una pregunta: «¿Qué hacen aquí?» Estaba claro: **tomaban una muestra de semen**. ¿Lo hacen siempre? ¿Por eso había cuatro grises en mi dormitorio en 1994? ¿Qué hacen con mi semen? Esperaba averiguarlo.

El resto de 2020 continuaron las visitas a intervalos de cuatro a seis semanas. No lo bastante regulares como para marcarlas en calendario, pero sí para que, al acercarse la franja, me sorprendiera pensando: «¿Será **esta** noche?»

A veces permanecía consciente unos segundos y alcanzaba a ver a los grises. Recuerdo una noche en particular: me despertaron los disturbios y yo yacía de lado derecho, mirando hacia la cómoda y el clóset, con la cara hundida en la almohada salvo por el ojo izquierdo. Había una luz sobre mi cabeza y, en la periferia, vi **dos manos** de dedos larguísimos acercándose a mí... un segundo antes de volver a caer inconsciente.

En otras ocasiones despertaba, pasada las 3:00 a. m., **hablando a media frase**: «¡No, no quiero que me visiten esta noche!» Lo decía en voz algo alta. No estaba soñando justo antes: era sueño profundo, todo negro, sin REM. Despertaba desde lo profundo **diciendo** eso, con el corazón acelerado. Me pregunté si me habrían llevado y devuelto justo antes de que yo soltara esas palabras.

6
BAJO LA PIEL

En algún momento de la segunda semana de marzo de 2021, desperté con la sensación nítida de unas manos sobre mi cuerpo: dedos que presionaban con firmeza mi antebrazo derecho y el bíceps. El tacto era clínico, controlado, y sin duda no era mío. Abrí los ojos lentamente, y lo primero que vi fueron cuatro grises altos inclinados sobre mí, todos clavando sus miradas en mis ojos con esa quietud imperturbable e inescrutable que llevan como una segunda piel.

Pero no estaba en mi cama. Ni siquiera estaba en mi casa.

El entorno era tenue—opresivamente tenue. Solo un resplandor suave y ambiental parecía emanar de ninguna parte en particular, arrojando luz apenas lo suficiente como para revelar el área alrededor de la mesa metálica en la que yacía. Las paredes, si es que las había, se desvanecían en la oscuridad. Tenía la sensación precisa de que el espacio mismo terminaba justo más allá del halo de luz. Era como estar suspendido en una especie de bolsillo de realidad, creado únicamente para ese momento.

Dos de los grises estaban a mi derecha. Uno se situaba a la altura de mis pies. El cuarto permanecía a mi izquierda, lo bastante cerca como para sentir su presencia más que verla. Estaba paralizado, como tantas veces en estos encuentros: mi cuerpo no respondía salvo la cabeza, que podía girar levemente. Incluso esa libertad mínima se sentía como una concesión. Bastaba para permitir que los viera, pero no para moverme.

Mi respiración era superficial. Mis pensamientos, perezosos, como si nadaran a través de estática. Aun así, algo en mi interior reconocía la familiaridad del escenario. No la habitación, no la disposición—eso era nuevo. Pero la sensación—el frío, la quietud, la presencia de mentes mucho más antiguas que la mía—me resultaba demasiado conocida.

El gris a los pies de la mesa alzó un pequeño objeto y lo sostuvo de forma deliberada, como asegurándose de que lo viera. En ese instante, mi mente produjo una asociación extraña: el objeto se parecía a un viejo tubo de vacío, de los que verías en una televisión o radio de los años cincuenta. Transparente, cilíndrico, con componentes internos que no alcanzaba a definir. No brillaba, no zumbaba, pero se sentía "vivo" de un modo que no sé explicar.

Entonces llegó la voz. No audible, pero insistente. Un pensamiento colocado directamente en mi mente con una claridad inquietante: "Te vamos a poner uno nuevo. Ten cuidado con este, o no podremos encontrarte".

¿Uno nuevo? Mi mente se esforzó por procesar las palabras, aún arrastrándose fuera de la niebla hipnótica con la que habían envuelto mi conciencia. Y, sin embargo, incluso en medio de la confusión, entendí. Me estaban mostrando un implante. De algún modo, supe que estaba destinado a mi abdomen. No hacía falta que me lo dijeran: era una claridad que sorteaba el lenguaje.

Y entonces—negrura. Desperté de nuevo en mi cuarto; el reloj marcaba las 3:40 a. m.

Sus palabras siguieron rondándome mucho después de abrir los ojos. "Te vamos a poner uno nuevo. Ten cuidado con este, o no podremos encontrarte".

No era solo una observación, era una advertencia. Ten cuidado con este. ¿Qué había pasado con el anterior? ¿Había perdido o dañado de algún modo un implante previo? ¿Me habían estado rastreando antes con un dispositivo diferente que se había estropeado o que retiraron? Y si no podían "encontrarme" sin él, ¿qué implicaba eso sobre su función?

La idea de que este implante fuera necesario para localizarme sugería algo mucho más avanzado que un simple monitor biológico. No era un dispositivo pasivo recolectando datos; estaba transmitiendo activamente mi posición.

Pero ¿qué más hacía?

En mis investigaciones había leído testimonios de abducidos que descubrieron pequeñas anomalías metálicas o biológicas incrustadas en sus cuerpos—objetos diminutos bajo la piel, a menudo en el oído, la cavidad nasal, la pierna o la mano. Algunas personas que se sometieron a estudios de imagen o a cirugías menores relataron que los médicos encontraron objetos inusuales que no deberían estar allí, a veces encapsulados en tejido fibroso, como si el cuerpo hubiera intentado aislarlos.

El doctor Roger Leir, podólogo que se especializó en la extracción y análisis de supuestos implantes alienígenas, pasó años estudiando estos objetos. Según Leir, algunos de los implantes extraídos de abducidos contenían metales con nanoestructuras, proporciones isotópicas no halladas en materiales terrestres y propiedades electromagnéticas peculiares. Se llegó a informar de un implante que emitía radiofrecuencia a 14,7 MHz, lo que sugería una capacidad de transmisión activa.

Pero lo que realmente distinguía su trabajo eran los casos en los que la respuesta biológica al implante desafiaba la explicación médica. En múltiples cirugías, Leir observó que los implantes solían localizarse cerca de racimos nerviosos y, aun así, el tejido circundante no mostraba respuesta inflamatoria, como si el cuerpo no reconociera el objeto como extraño. De hecho, en varios casos los implantes aparecían rodeados por lo que parecían ser fibras neurales que crecían hacia el objeto o alrededor de él. El equipo de Leir especuló que podría tratarse de una especie de biointegración: una fusión deliberada de material no humano con la fisiología humana.

En un caso particularmente extraño, un implante extraído de la pierna de un hombre estaba recubierto por una vaina oscura, de aspecto membranoso, que se asemejaba a tejido queratinizado, aunque el implante debajo era metálico. La vaina nunca se identificó de forma concluyente, pero al microscopio mostraba propiedades distintas a cualquier recubrimiento biológico humano conocido. Leir señaló que ese camuflaje biológico quizá fuera una adaptación intencional—bien para evitar la detección, bien para estabilizar el objeto dentro del cuerpo del huésped a lo largo del tiempo.

Igualmente desconcertante era la forma en que algunos implantes parecían moverse o migrar dentro del cuerpo. Un sujeto tenía un objeto en el brazo que cambiaba de posición entre estudios: aparecía en un lugar durante una radiografía y, días después, a una profundidad ligeramente diferente. Leir y su equipo intentaron atribuirlo a errores de imagen, pero el patrón se repitió en varios sujetos. Ya fuera por diseño o por una interacción desconocida con los tejidos, algunos implantes parecían activos incluso en su estado "latente".

¿Eran estos implantes simples dispositivos de rastreo o cumplían un papel más complejo?

EL FENÓMENO MÁS AMPLIO DE LOS IMPLANTES

La idea de implantes colocados en abducidos no es nueva. Durante décadas se han documentado informes de pequeños cuerpos extraños descubiertos en el interior sin que hubiera memoria de cómo llegaron allí. A menudo aparecen en lugares muy específicos—la cavidad nasal, detrás de la oreja, dentro de la mano o la pierna y, a veces, dentro del tejido óseo. Lo más notable es que muchos abducidos no recuerdan dolor durante la implantación; los descubren después, en radiografías, resonancias magnéticas o a raíz de heridas inexplicables que cicatrizan con rapidez inusual.

CASOS DOCUMENTADOS DE SUPUESTOS IMPLANTES

Entre los aspectos más convincentes del fenómeno de la abducción están los rastros físicos—en particular, los implantes. La obra del doctor Roger Leir es quizá la más conocida en este terreno. Realizó más de una docena de extracciones de supuestos implantes, muchos de los cuales contenían materiales exóticos. En algunos casos, los objetos presentaban estructuras semejantes a nanotubos de carbono y varios emitían frecuencias electromagnéticas medibles una vez fuera del cuerpo.

Whitley Strieber también relató sus experiencias con implantes, sobre todo en sus libros *Communion* y *Confirmation*. Describió un dolor nasal persistente que atribuyó a un implante que después pareció desvanecerse sin explicación. Más inquietante aún, en 1998 experimentó algo mucho más directo: la sensación física de que algo le era insertado en el lóbulo de la oreja. Estaba completamente despierto y consciente; sintió un dolor agudo y escuchó un "clic" audible cuando el objeto quedó embebido bajo la piel. Después permaneció un pequeño nódulo metálico. Cuando un médico examinó la zona, encontró un cuerpo extraño no identificable, lo que dio más peso al episodio. Strieber especuló que el dispositivo podía ser un rastreador—o quizá alguna interfaz para la comunicación telepática.

El investigador Derrel Sims también recopiló numerosos informes de abducidos que recordaban objetos luminosos bajo la piel. No eran recuerdos vagos, sino relatos vívidos de materiales azulados o verdosos que brillaban tenuemente durante o después de los encuentros. El trabajo de Sims abrió más preguntas sobre la variedad y posibles funciones de estos implantes.

En algunos de los casos más frustrantes, abducidos que programaron cirugías para extraer implantes informaron que los objetos se desvanecían justo antes del procedimiento. El propio Leir documentó varios ejemplos. En *The Aliens and the Scalpel* describió a un paciente llamado "John Smith" (seudónimo) que presentaba una anomalía

Angustia en las Sombras:

metálica en el dedo gordo del pie izquierdo, confirmada por múltiples radiografías y un escáner CT. El objeto se mantuvo consistente en forma y ubicación durante casi seis meses. Pero cuando se realizó la última imagen preoperatoria, simplemente había desaparecido. No había incisión, ni marca, ni daño tisular residual: solo un vacío donde, sin duda, algo había estado.

Otro caso involucró a una mujer llamada Pat Parrinellie, con un bulto visible y palpable en la espinilla, justo bajo la piel. Según Leir, el objeto se verificó por imagen y se programó su extracción, pero pocos días antes de la cirugía ella despertó con una pequeña marca triangular roja en la pierna. Cuando llegó a la clínica, el objeto ya no era detectable ni al tacto ni por imagen. La operación se canceló. En sus propias palabras, sentía que la habían "visitado de nuevo para limpiar un desastre que no querían dejar".

No eran anomalías aisladas. Derrel Sims ha documentado numerosos casos de implantes que se reubicaban o desaparecían por completo. En una de sus investigaciones, una abducida tenía un objeto en el brazo que se movió varios centímetros entre estudios realizados con pocos días de diferencia. La paciente quedó perpleja—y comprensiblemente paranoica. Sims señaló que, en muchos de esos casos, los abducidos refieren sueños inusuales o recuerdos fragmentados en las noches previas a la desaparición. Es como si el objeto hubiera sido recuperado durante otro encuentro, o quizá desactivado y disuelto a distancia por diseño.

Lo que más perturbaba a muchos no era solo la pérdida del objeto, sino la pérdida de la prueba. Para personas desesperadas por validar sus experiencias—no solo ante otros, sino ante sí mismas—la desaparición de un implante se sentía como un doble robo: primero el de la autonomía corporal, y luego el de la única evidencia que podía confirmar su realidad.

Las implicaciones son escalofriantes. Si estos implantes pueden retirarse, reubicarse o desactivarse sin aviso, eso sugiere una arquitectura de vigilancia activa y continua. La tecnología no es estática; responde. Puede eludir el escrutinio. Y significa que el control no termina cuando acaba el encuentro. Algunos abducidos incluso han especulado que los implantes podrían formar parte de un sistema biológico "en leasing": se usan para fases o periodos concretos de recopilación de datos y luego se retiran o se actualizan.

Esto abre preguntas incómodas: ¿cuántas personas habrán llevado implantes sin saberlo? ¿Y a cuántas se los habrán retirado sin que llegaran a enterarse?

La gran pregunta, por supuesto, es por qué. Si estos dispositivos fueran únicamente rastreadores, ¿por qué colocarlos en tantas partes distintas del cuerpo? ¿Por qué tal variedad de composición y función? Algunos investigadores han especulado que podrían tener múltiples propósitos: monitorizar la fisiología, registrar actividad neurológica, o incluso influir en la percepción y la conducta. Otros creen que algunos implantes funcionarían como "cámaras biológicas", registrando información sensorial desde la perspectiva del abducido y transmitiéndola a sus observadores.

Tras mi encuentro de marzo de 2021, nunca sentí ni encontré un implante en el abdomen. Pero eso no significa que no esté ahí. A diferencia de los implantes subdérmicos más reportados—los que pueden palparse bajo la piel o descubrirse en una revisión casual— este pudo haber sido colocado más profundamente. Podría residir en tejido o en hueso, muy lejos de mi capacidad de detectarlo sin ayuda de imagen médica avanzada.

Si el propósito del implante es permitir que puedan localizarme, ¿qué ocurre si falla? ¿Existen otros abducidos que en su día formaron parte de este programa y que hoy sean ilocalizables—tal vez porque perdieron sus implantes o se los retiraron? ¿Habrá personas que se "escaparon por las grietas", abandonadas sin querer por sus captores?

Ese recuerdo sigue siendo vívido—y sus palabras aún resuenan en mi mente: "Ten cuidado con este, o no podremos encontrarte". Sea cual sea su función, la frase confirma que me habían estado rastreando. Si los grises me implantaron algo, en teoría, la tecnología médica moderna debería poder detectarlo. La cuestión es: ¿qué técnica sería más eficaz?

La radiografía es el primer paso más obvio. Es especialmente buena para detectar objetos metálicos incrustados en hueso, como en el húmero del brazo, donde sospecho que quizá hayan colocado algo. Muchos abducidos han tropezado con cuerpos extraños de este modo, durante radiografías dentales u ortopédicas de rutina.

Para tejido blando, una resonancia magnética podría ser más adecuada, sobre todo si el implante está compuesto por materiales no metálicos o biológicos. La MRI a veces revela formas o densidades inusuales que pasarían desapercibidas de otro modo.

El ultrasonido también puede ser útil, particularmente si el implante está encapsulado en tejido fibroso, algo que se ha reportado en algunas de las extracciones del doctor Leir. Las ondas de alta frecuencia pueden resaltar cuerpos extraños que otras técnicas no muestran.

Otra opción es una búsqueda de radiofrecuencias. Leir y otros han señalado que algunos implantes emiten señales de baja intensidad. En teoría, un detector manual podría captarlas si el dispositivo está transmitiendo de forma activa, aunque no todos los implantes parecen estar "encendidos" en todo momento.

Y luego está la pregunta mayor: ¿qué pasa si realmente encuentro algo? ¿Me creería un médico si le dijera la verdad sobre cómo llegó ahí? ¿Estaría dispuesto a retirarlo? ¿O el objeto desaparecería antes de tener la oportunidad, como ha ocurrido en tantos otros casos?

Hasta hoy no he notado cambios fisiológicos: no hay dolor, ni sensación, ni alteración evidente de mi biología. Sea lo que sea, opera en silencio. Ese silencio, a su manera, forma parte de la violación. No hay aviso, ni secuelas, ni modo de probar lo que han hecho a menos que el implante decida delatarse. Existe en ese espacio liminar—presente pero oculto, activo pero indetectable. Y quizá ese sea el punto. El sistema de vigilancia perfecto no se anuncia. Simplemente se vuelve parte de ti.

Empezaba a comprender que esto no iba solo de control o vigilancia. Iba de erosión. Poco a poco, me iban desgastando—metiéndose bajo mi piel en más de un sentido. Estos dispositivos no eran meras herramientas tecnológicas; simbolizaban algo más invasivo. Mi cuerpo ya no me pertenecía por completo. Cada vez que intentaba recuperar cierta normalidad, aparecía la conciencia latente de que algo ajeno podía estar incrustado en mí, transmitiendo datos, cruzando límites que jamás consentí. No era solo físico. Era psicológico. Existencial. No estaban solo dentro de mi cuerpo. Estaban dentro de mi vida.

No tengo las respuestas. Pero el siguiente paso es claro: encontrar a un médico dispuesto a tomarse en serio estas preocupaciones, realizar las pruebas y dejar que la evidencia hable por sí sola.

Sin embargo, la evidencia por sí sola no puede capturar lo que ya me han quitado—lo que ya han cambiado. La presencia de un implante prueba algo más que su tecnología. Prueba hasta dónde han llegado para invadir mi cuerpo, atarme a su agenda y despojarme de mi privacidad hasta la célula. Lo que empezó como visitas nocturnas y sueños extraños se había convertido en otra cosa: una mano fría y persistente dentro de los espacios sagrados de mi biología.

Hay una diferencia entre ser observado y ser poseído. Entre ser estudiado y ser alterado.

Puede que el implante esté oculto bajo mi piel, pero el daño real llega más hondo. Alcanza esa parte de mí que aún quiere creer que soy libre. Está en la rabia que hierve bajo la superficie—rabia no solo hacia ellos, sino hacia el silencio que rodea todo esto. Hacia un mundo que sigue girando, ajeno a que a algunos nos van desarmando, pieza por pieza.

Esa irritación creciente pronto quedaría igualada por algo mucho más doloroso—por aquello que estaba a punto de serme arrebatado.

7

PIEZAS DE MÍ

El comienzo de 2022 marcó el inicio de una nueva relación para mí. En noviembre de 2020 había llevado a mi hija Miranda a una clínica local de atención sin cita para resolver unos trámites necesarios para sus servicios de salud vinculados a Medicaid y para su cuidadora domiciliaria, gestionados por una agencia de servicios sociales con la que yo trabajaba. Durante la consulta, la médica de Miranda—a quien llamaré Samantha—conversaba conmigo mientras yo le expresaba mis reservas sobre las vacunas contra la COVID-19 y la influenza que la clínica estaba recomendando. Dada la historia complicada de Miranda con reacciones relacionadas con vacunas, le compartí la investigación que había reunido sobre esas inoculaciones en particular.

Mientras hablábamos, me vi inesperadamente cautivado por Samantha: por su modo sereno y confiado, su inteligencia y la calidez que se adivinaba a pesar del barbijo quirúrgico que le cubría media cara. Su figura alta y esbelta y unos ojos cautivadores se quedaron conmigo mucho después de que terminara la cita. Había en ella algo calladamente magnético. Al salir de la clínica, con el papeleo en la mano, me pregunté si el destino permitiría que nos cruzáramos de nuevo. Parecía poco probable, pero no podía evitar pensarlo.

Luego, unos seis meses más tarde, en el verano de 2021, recibí un correo inesperado—de Samantha. Al parecer, varios de sus pacientes que habían recibido la vacuna contra la COVID estaban reaccionando de forma espantosa, incluido un caso de convulsión tónico-clónica (gran mal) desencadenada a los pocos minutos de la inyección. También señaló un aumento dramático de lo que llamó "cánceres turbo": un repunte tan súbito e inexplicable que empezó a cuestionar si no estaría sucediendo algo mayor. Quería aceptar mi oferta anterior de compartirle información que yo hubiera recopilado. Respondí a su mensaje adjuntando varios documentos de investigación y artículos médicos publicados que tenía archivados.

Ella lo agradeció. Nuestro intercambio continuó. Acordamos compartirnos cualquier cosa nueva que encontráramos en el futuro —y ese acuerdo simple se convirtió en la chispa de algo más. En los meses siguientes, nuestra correspondencia se profundizó. Empezamos a hablar con regularidad—primero por correo, luego por mensajes de texto y finalmente por notas de voz en WhatsApp. En aquel momento era una de las aplicaciones más populares para teléfonos inteligentes, y nuestras conversaciones se hicieron cada semana más personales.

Para enero de 2022 ya nos veíamos en persona para tomar café y almorzar en sus días libres. Me descubrí genuinamente atraído por ella—no solo físicamente, sino también en lo intelectual y lo emocional. Tenía una profundidad que no había encontrado en nadie más. Me enamoré. Y era evidente que ella sentía lo mismo.

En febrero, nos volvimos íntimos. Ninguno de los dos había disfrutado del consuelo físico de una relación amorosa en mucho tiempo. Pasábamos noches juntos en mi casa siempre que podíamos, esculpiendo una pequeña isla de alegría en la compañía del otro. También salíamos: explorábamos restaurantes, caminábamos por el parque y compartíamos una de sus pasiones de toda la vida: el tiro con arco. Me lo presentó con entusiasmo, y pronto se volvió algo que nos encantaba hacer juntos. Aquellos días tenían ligereza, y había una paz en simplemente estar con ella. Nunca había vivido una historia de amor así. Incluso teníamos un sobrenombre compartido—*Kindred*—una palabra acertada para la conexión que sentíamos.

Hacia fines de abril, Samantha me dijo que había faltado a su período y sospechaba que estaba embarazada. Un test casero lo confirmó. La noticia nos tomó por sorpresa a ambos. Yo tenía 53 años, y ella estaba entre los cuarenta y pocos y los cuarenta y medios. Si bien ninguno de los dos lo había planeado, me dijo que no creía en el aborto. Considerando lo difícil que le había sido concebir a sus dos hijos años antes—ambos mediante FIV—sintió que quizá este embarazo "estaba destinado a ser". Llevaría a nuestro hijo.

Y yo empecé, a mi manera silenciosa, a asumir lo que eso significaría. Emocionalmente. En lo práctico. En lo espiritual. No era el momento ideal. Ya era mayor—más cansado que antes. Pero, bajo la cautela y la ansiedad, sentí un destello de alegría. Siempre había querido tener más hijos. La vida se interpuso, y a menudo parecía que esa puerta se había cerrado hacía mucho. Pero ahora, allí estaba esta posibilidad—inesperada, quizá incluso milagrosa.

Comencé a imaginar cómo sería la vida con un nuevo hijo. Imaginé a Miranda teniendo un medio hermano. Me imaginé sosteniendo a mi bebé en brazos otra vez. Y, casi al mismo tiempo, me asaltaron las preocupaciones: ¿tendría la energía para criar a un niño a mi edad? ¿Viviría lo suficiente para verlo graduarse de la universidad? ¿Podría permitirme empezar de nuevo?

A finales de junio, antes de que ella empezara a notarse, Samantha abortó espontáneamente. Ocurrió en la novena o décima semana. Pese a mi entusiasmo inicial, me sorprendió sentir una oleada de alivio. Una parte de mí, la parte atada a la practicidad y al tiempo, sintió que tal vez era lo mejor. Ya había entregado tanto de mí a la crianza de Miranda. Empezar de cero habría exigido más de lo que yo sentía que me quedaba por dar. Aun así, se asentó una tristeza silenciosa: el reconocimiento de que algo casi había sido, pero ya no.

Samantha me dijo que había expulsado los tejidos, pero que, tras examinarlos cuidadosamente, no pudo encontrar el feto ni el saco lleno de líquido. Como profesional de la salud, esperaba hallarlos. Simplemente no estaban. Confundida, consultó a su obstetra y programó estudios. La acompañé a la segunda consulta, donde el médico confirmó que, en efecto, había estado embarazada—pero que no quedaba nada en su útero. No había complicaciones. No había tejido retenido. Estaba sana. Esa fue nuestra consolación.

Después, procesamos la pérdida juntos. Ambos coincidimos en que probablemente era lo mejor. Su vida ya era estresante, y yo aún me recuperaba de años de cuidados incesantes. Pero, por muy racional que sonara nuestra conclusión—por muy fácilmente que pareciera que seguíamos adelante—no pude sacudirme la sensación de que había pasado otra cosa.

En ese momento, mis "visitantes" seguían activos—aparecían casi mensualmente. Su presencia era inquietante, pero de algún modo rutinaria. Y aunque sabía de su interés persistente por el material reproductivo, no los estaba relacionando con lo que había pasado con Samantha. Me pregunté, fugazmente, si el embarazo podría haber atraído su atención de alguna manera. Pero no le di vueltas. No había evidencia más allá del feto ausente—solo una vaga inquietud. Quedó como otra pregunta extraña en una vida ya llena de ellas.

Al final, lo solté. Los dos lo hicimos. El feto faltante quedó como una curiosidad—una anomalía médica, inexplicada pero aceptada. La vida siguió. Y, por un tiempo, el tema se desvaneció en el trasfondo.

LA CIRUGÍA

Al mes siguiente, en julio de 2022, me estaba adaptando a la casa sin mi hija Miranda. En junio se había mudado a un hogar grupal en Mundelein, Illinois, con otros cuatro residentes adultos muy parecidos a ella. Tuve la oportunidad de recorrer la casa y conocer a los otros residentes, incluida la nueva compañera de cuarto de mi hija, llamada Morgan. Morgan era una joven asiática de veintitantos cuya capacidad cognitiva y gravedad del autismo coincidían con las de Miranda. Pero tenía un temperamento muy tranquilo y una curiosidad por las visitas de la casa que yo calificaría de "cordial". Sería una buena compañera de cuarto para Miranda y un factor de calma. Esto era importante para mí, porque estaba ansioso por la mudanza y quería ver a mi hija adaptarse bien y ser feliz en su nuevo hogar.

Mi casa, en julio de 2022, estaba particularmente silenciosa, salvo por algún huésped ocasional de Airbnb. Aún no había encontrado empleo después de la partida de mi hija, así que pasaba el tiempo libre arreglando y limpiando la casa. Y, por primera vez, descubrí que se mantenía limpia sin mi hija corriendo de un lado a otro. En esos días, mis únicos respiros reales del silencio eran socializar con mi mejor amigo de entonces, Angelo, que venía los viernes por la noche a charlar y tomar algo, o pasar tiempo con mi novia Samantha.

La noche del viernes 15 de julio, mi amigo Angelo se pasó por nuestra habitual "fiesta de cocina", en la que poníamos música, comentábamos las chismes que él trajera y sorbíamos un par de cosmopolitan. En esa época los "cosmos" eran nuestra bebida, y por lo general, a mitad del primer vaso ya nos estábamos riendo de algo y olvidando las preocupaciones. Esa noche, sin embargo, Angelo no podía quedarse hasta tarde, así que decidimos que se marchara hacia las 22:30, y yo opté por irme a dormir después de un solo trago. Quería descansar bien con la esperanza de poder teñir mi deck trasero al día siguiente. No pintaba bien, porque el viernes había sido húmedo y lluvioso.

A las 23:00 ya estaba en la cama. La mente un poco inquieta, rumiaba detalles de la tarea del día siguiente. ¿Habría comprado suficiente tinte para el deck? ¿Haría demasiada humedad como para usar la hidrolavadora y que se secara el mismo día? ¿Recordé todos los insumos necesarios? Esos pensamientos ocuparon mi mente mientras se iba ralentizando; el sopor lo cubrió todo hasta que el sueño bajó su velo y acalló cualquier preocupación.

Allí, en la negrura de un sueño sin imágenes, me hice consciente de un dolor en el brazo izquierdo. Mi mente pasó de la nada dichosa a la plena alerta en cuestión de segundos. El dolor irrumpió en mi conciencia y abrí los ojos. Estaba boca arriba y el brazo me dolía con una agonía insoportable. Mi primer instinto fue girar la cabeza para mirarlo. Y aunque pude mover la cabeza, no pude mover ninguna otra parte del cuerpo. Estaba paralizado. Lo que vi a continuación fue horroroso.

No estaba en mi cama. Estaba tendido sobre una mesa de metal en una sala débilmente iluminada, salvo por una luz más fuerte que bañaba la mesa y el área inmediata a su alrededor. Como en otros encuentros, no lograba distinguir una fuente para la iluminación. Más allá del perímetro de la mesa todo estaba algo sombrío y gris. Pero eso no era lo horroroso. Al mirar mi brazo izquierdo, faltaba desde justo por encima del codo. ¡Mi brazo no estaba!

Alarmado y muy confundido, y solo capaz de mover la cabeza, miré hacia arriba y luego a mi derecha, donde noté individuos moviéndose a ese lado de la mesa. Pero mis ojos tenían problemas para enfocar y ellos estaban fuera de mi zona iluminada, así que giré la cabeza a la izquierda y lo vi. Mi brazo, seccionado, yacía sobre un carrito metálico junto a la mesa. ¡No había sangre! No salía sangre de mi cuerpo ni había sangre alrededor del brazo en el carrito. Pero podía ver parte del húmero sobresaliendo una pulgada más allá de los tejidos musculares circundantes. Me recordó a carne recién cortada. Solo que era mi carne. A mí me estaban cortando. ¿Cómo se procesa algo así?

El carrito parecía de acero inoxidable, aunque con un tono más peltre. Tenía un borde ligeramente elevado pero liso en el perímetro, como cabría esperar en una mesa de forense. El carrito medía aproximadamente un metro de largo por quizá 50 centímetros de ancho, con una sola pata que lo elevaba hasta la altura de mi mesa, que estaría a algo así como 1,10 o 1,20 metros del piso.

Como en encuentros previos, mi sistema nervioso estaba atenuado. Si no, estoy seguro de que el dolor habría sido mucho peor, como también el pánico. Sin embargo, igual que antes, mi respuesta de miedo era casi inexistente. Estaba desnudo sobre una mesa de metal, pero no sentía el frío del metal en la piel. ¿El metal estaba frío? Suelo asumirlo. Solo mi cabeza y lo que quedaba de mi brazo tenían sensaciones. Ojalá eso tuviera sentido.

Me acordé de la experiencia en el garaje, donde ese estado de suspensión sensorial me impedía formar pensamientos coherentes.

No tenía palabras. Solo una conciencia visual. Y si no me hubieran seccionado el brazo, dudo que hubiera sentido nada. Dudo que hubiera despertado.

Tras ver mi brazo en el carrito y mientras mi cerebro, en shock, registraba cada detalle visual como si mi existencia dependiera de ello, oí a alguien acercarse a mi mesa por la derecha. Perdí la conciencia en ese momento, tras haber estado despierto apenas 12 a 16 segundos. Pero fueron los segundos más impresionables de mi vida. ¿Alguna vez has tenido un accidente de auto en el que, segundos antes del impacto, el tiempo parece desacelerarse y tu enfoque visual se vuelve hipernítido? Para entender lo que viví, basta con replicar esa sensación, pero suprimiendo el ochenta o noventa por ciento de las sensaciones físicas, salvo la vista.

No sé a qué hora me sacaron de mi casa. Cuando desperté en mi cama, miré el brazo y lo encontré intacto, aunque el codo algo hinchado. Busqué suturas o cicatrices y no hallé ninguna. Eso no parece posible. Me incorporé y miré el reloj al otro lado de la habitación: marcaba las 5:42 a. m. ¿Cuánto tiempo estuve fuera? Sostuve el codo izquierdo con la palma derecha. El codo dolía intensamente. Nunca había sentido un dolor articular así. Lo probé: podía extenderlo como al noventa por ciento. Pero no cómodamente.

Como ya no podía dormir, salí del cuarto y me duché, esperando que el agua caliente me soltara un poco. Sin embargo, en una hora el codo quedó completamente rígido en un ángulo de noventa grados y el dolor era demasiado para desafiar esa posición. A medida que avanzaba el día, fui probando con Tylenol y luego Advil para moverme por la casa. Pero mis planes de teñir el deck quedaron descartados por el momento.

Alrededor del mediodía llamé a Angelo para contarle lo ocurrido. Contestó con su saludo habitual de "¿hola?", y yo: "¡Ey, Ang, no vas a creer lo que pasó!"

"¿Qué ocurre, *Kiddo*?", respondió Angelo, usando su epíteto favorito para mí, dado nuestra diferencia de edad.

"Ang, me visitaron otra vez anoche. Solo que esta vez me llevaron." Angelo, ya familiarizado con mis "visitas", era en general comprensivo, pues sus propios padres habían vivido una abducción en el patio trasero de su casa en Cleveland, Ohio, en los años sesenta. Vieron un OVNI en el cielo, algo o alguien se les acercó por detrás, experimentaron horas de tiempo perdido y despertaron en sus sillas del patio, ambos con múltiples punciones en brazos, costillas y muslos.

"¿Por qué? ¿Qué pasó? ¿Dónde fue? ¿Qué te hicieron?", preguntó.

Pasé los cinco minutos siguientes describiendo todo el encuentro, como lo he hecho en los párrafos anteriores. Quería hablar mientras las impresiones seguían frescas. Necesitaba hablarlo. Estaba alterado.

"Ahora no puedo mover el codo", añadí. "Está rígido."

"¿Te duele?", preguntó.

"Sí, duele, pero es tolerable mientras no intente moverlo", respondí.

"¿Vas a hacer que lo revisen?", dijo.

"Probablemente más tarde, pero ¿qué diría? ¿Que unos aliens me cortaron el maldito brazo? ¿Que me den analgésicos?", le solté.

Angelo se rió, pero me sugirió guardar ese detalle. "Deciles que te lo golpeaste fuerte. Te lo van a revisar. ¡Deberías hacerte una radiografía!"

Le pregunté si podía acompañarme, pero estaba ocupado ese fin de semana. Al día siguiente hablé con Samantha sobre lo sucedido. Fue comprensiva y paciente, como lo había sido durante toda nuestra relación, y pareció creerme cuando le conté mis visitas. Tras escuchar en silencio, preguntó: "¿Tenés alguna marca? ¿Alguna cicatriz?"

"No", dije, levantándome la manga de la remera y dejándola examinar el codo. "Solo hinchazón. Sin moretones. Sin cortes. Nada."

Pasó los dedos suavemente por la articulación, presionando levemente. "Definitivamente está hinchado", dijo pensativa. "Deberías hacerte una radiografía, por seguridad."

Asentí sin decir nada. Samantha continuó, con voz calmada y clínica: "Como pasó durante la noche y no hay moretones, no creo que sea una fractura. Puede ser inflamación, artritis, o incluso una lesión de partes blandas." Hizo una pausa y me miró con preocupación. "Si querés, podés pedir turno con mi jefe. Es tu médico de cabecera de todos modos."

Aprecié su aplomo, su manera de no hacerme sentir loco. Pero, a la vez, había un límite tácito a lo lejos que podía acompañarme en este territorio extraño. Y tenía que respetarlo. Ella no podía ver lo que yo había visto. No podía saber lo que yo sabía. Le di las gracias, y me aseguró que no había necesidad de ir a urgencias de inmediato. Consideré su recomendación, pero al final decidí no seguirla.

Aun así, no olvidé la imagen de mi brazo seccionado sobre aquel carrito metálico—y cómo podía ver la punta roma y blanca del húmero expuesta justo por encima del codo. No me inquietaba solo la ausencia de sangre. Era la manera en que el hueso sobresalía, limpio y clínico, como el sitio de una extracción. ¿Podrían haber tomado médula ósea?

En los días siguientes, aún aturdido por el dolor persistente y la pérdida total de movilidad en el codo, empecé a investigar qué podría causar una reacción así. Supe que, si bien la médula ósea se extrae típicamente de la cresta ilíaca de la pelvis, en contextos de urgencia o experimentales a veces se recurre al húmero.

El húmero está envuelto en tejido rico en vasos y nervios. Extraer médula de él, en especial cerca de la diáfisis media o del extremo distal, puede desencadenar inflamación y un dolor que irradia directamente al codo. Yo no había sufrido una lesión convencional: no había moretones, cortes ni trauma que señalar. Pero si los grises habían perforado el núcleo de ese hueso mientras estaba separado de mi cuerpo—quizá para una toma genética, o para otra cosa—básicamente había sufrido un procedimiento sin cuidados posteriores, sin anestesia y sin una explicación biológica que pudiera darle a un médico. Cuanto más leía, más encajaba. Un dolor sordo y profundo en la articulación. Pérdida de rango de movimiento. Hinchazón localizada sin trauma visible. Todo estaba ahí.

Si retiraron médula mientras mi brazo estaba seccionado, explicaría todo. Y quizá sabían que había causado más daño del que pretendían. Porque, antes de que la hinchazón empezara siquiera a remitir... volvieron.

LAS VISITAS DE SEGUIMIENTO

En los días siguientes tuve que acostumbrarme a manejar las tareas diarias usando solo el brazo derecho. Todo, desde cepillarme los dientes hasta preparar café, se convirtió en una torpe función a una mano. Me descubrí haciendo mandados y conduciendo mi Chevy Trailblazer rojo con una sola mano al volante. Por suerte era automático—no sé cómo me las habría arreglado con caja manual. Incluso rutinas simples, como lavarme el pelo en la ducha, se volvieron ejercicios de adaptación incómoda. Dispensar y aplicar el champú con una sola mano rozaba lo ridículo. Me vi obligado a ajustarme, pero todo me recordaba que no estaba entero. Algo había cambiado.

Pasó una semana. En la madrugada del sábado 23 de julio desperté en lo que solo puedo describir como un entorno "tipo hospital". Esta vez no estaba sobre una mesa de metal sino en una especie de cama. Tenía un colchón acolchado, cubierto por una tela blanca y tensa que recordaba a una lona suave. No había sábanas ni mantas, solo la superficie expuesta y estéril. Estaba boca arriba, la cabeza ligeramente incorporada, y alguien me sostenía la mano derecha.

Al principio pensé que debía de estar soñando. Mi mente buscó una lógica, pero nada tenía sentido. Mi brazo izquierdo, sorprendentemente, estaba completamente extendido hacia ese lado. Podía sentirlo, pero no moverlo. Ni podía mover nada más, salvo un poco la mano y el brazo derechos. Giré para ver quién estaba a mi lado, sosteniéndome la mano.

Lo que vi no coincidía con quien esperaba.

A primera vista parecía una chica o una joven—de estatura pequeña, manos delicadas y pies descalzos que apenas llegaban a la altura de mis pantorrillas. Pero al subir la mirada hacia su rostro, comprendí lo que realmente estaba viendo. No era humana. Era una gris pequeña.

Me miraba con calma, sus ojos grandes y oscuros clavados en los míos. Entonces, sin mover los labios, oí su voz dentro de mi mente: "¿Hay algo que me quieras decir?"

No. Estaba tan confundido—¿por qué me tenía la mano? ¿Qué

Angustia en las Sombras:

quería decir con esa pregunta? ¿Qué esperaba que dijera? Mis pensamientos arremolinados no lograban articular una respuesta. Simplemente la miré en silencio, intentando comprender qué pasaba. Entonces lo sentí: dos manos tomaron mi brazo izquierdo por el codo y el antebrazo.

Al volver la cabeza hacia la izquierda vi otra figura—esta, enorme, con facilidad por encima de los dos metros. Un gris alto, mucho mayor que Syczilick, se inclinaba sobre el lado izquierdo de la cama, inspeccionando mi brazo con una concentración silenciosa. Sus manos se movían con precisión clínica, manipulando con cuidado la articulación del codo y estudiando su rango de movimiento.

Estaba por volverme hacia la "chica" para preguntar qué hacían—por qué estaban allí—cuando perdí la conciencia. El instante se desvaneció como vapor.

Desperté más tarde esa mañana, mucho más tarde de lo habitual después de un encuentro. El sol ya había salido, bañando mi cuarto con una luz pálida. El reloj marcaba las 5:45 a. m. El codo seguía doliendo y se veía hinchado, pero noté algo distinto. Ya podía moverlo un poco—quizá diez grados en cualquier dirección desde el ángulo recto fijo en que había quedado. No era mucho, pero era progreso. Sentado al borde de la cama, con los pies a centímetros del suelo, miré hacia abajo, intentando entender.

¿Qué había sido eso? ¿Quién era la chica? ¿Estaban controlando mi brazo? ¿Y qué quería que le dijera?

A medida que despejaba la niebla mental, volvía siempre a la misma conclusión: fuera lo que fuese lo que hicieron al seccionarme el brazo, había dejado algún tipo de daño—un daño que ellos sentían la necesidad de monitorear, o quizá incluso reparar. ¿Era ese gris alto quien realizaba algún procedimiento correctivo? ¿Era este encuentro su versión de una visita de seguimiento?

Esa sospecha solo se intensificó una semana después, cuando volvió a suceder. ¡Tres visitas en tres semanas!

Esta vez desperté de pie, desnudo, frente a una pared gris con un pasamanos color peltre a lo largo. Me recordó al que verías en la pared de un estudio de danza. Las piernas estaban débiles pero funcionales. Un gris alto estaba a mi lado, guiándome con suavidad por el hombro hacia el pasamanos. Supe instintivamente lo que se esperaba de mí: apoyar las manos en la barra y estabilizarme.

Incluso en mi estado de semiinconsciencia reconocí el ritmo de aquello: era una rutina. Un sistema. Obedecí, aún incapaz de hablar, de formar más que pensamientos fragmentarios.

El gris alto ahora estaba a mi derecha. Sin pronunciar palabra, me giró con cuidado para enfrentarle, luego extendió ambas manos y empezó a inspeccionar otra vez mi brazo izquierdo. Igual que la semana anterior, sus dedos recorrieron el antebrazo y el codo varias veces. Sentía presión, pero no dolor. Sus manos se movían con deliberación, como un kinesiólogo probando la estabilidad de una articulación.

En ese momento me sentí como un paciente con demencia. Podía ver. Podía moverme cuando me lo indicaban. Pero no podía hablar. Tenía tantas preguntas. Tantas cosas que quería decir. Pero el control que ejercían sobre mí suprimía mi pensamiento expresivo—igual que durante el encuentro en el garaje dos años antes.

No solo habían tomado mi brazo. Habían tomado el acceso a mí mismo. Mi capacidad de comunicar, de resistir, de comprender lo que ocurría. Fuera lo que fuera la fuerza con la que me hechizaban... no solo paralizaba el cuerpo—silenciaba la voluntad.

No les interesaba lo que yo tuviera que decir. Nunca les ha interesado.

Me había adaptado al dolor. Me había acomodado al silencio. Pero lo que más perduraba no era solo lo que habían hecho a mi cuerpo: era lo que me negaban. Mi voz. Mi voluntad. Mi derecho a entender. Fuera lo que fuese que me estaban haciendo, no había terminado. Y, en algún lugar profundo, empecé a sentir que no se trataba de una serie de hechos aislados. Era un desmantelamiento—silencioso, metódico y personal. Algo me estaban quitando... pieza por pieza.

OTROS INFORMES DE CIRUGÍA ALIENÍGENA

Por perturbadoras que fueran mis experiencias, con el tiempo comprendí que no eran del todo únicas. Otros abducidos han reportado procedimientos que reflejan aspectos de lo que me ocurrió a mí —relatos que abarcan décadas, continentes y demografías. Estas historias, como la mía, describen no solo intervención médica, sino algo más frío y calculado: la recolección de partes, la intrusión en las cámaras más sagradas del cuerpo y el silencio inquietante que siempre le sigue.

Whitley Strieber, en *Transformation* y *The Secret School*, contó sus propias experiencias de haber sido operado estando inmovilizado. En uno de sus recuerdos más vívidos, describió una aguja insertada en su cerebro a través del paladar—un procedimiento que no dejó rastro externo pero cargó con un peso traumático imposible de sacudirse. En otro, lo inmovilizaron mientras algo punzante se introducía detrás del ojo. También describió esa supresión extraña del miedo y el dolor, reemplazada por una quietud observadora que le impedía resistirse o siquiera gritar.

Luego están las extracciones de tejido que han reportado numerosos abducidos investigados por Budd Hopkins y el Dr. David Jacobs. Una de las secuelas físicas más comunes son las "marcas de cucharita": pequeños parches de piel retirados con limpieza, por lo general en la pierna o el brazo. Estas hendiduras suelen aparecer de la noche a la mañana y se distinguen por su precisión quirúrgica. Jacobs especuló que podrían implicar la retirada de muestras de piel, tejido nervioso o incluso fluidos cargados de ADN. Sin dolor. Sin sangrado. Solo un pedazo de la persona—ausente.

En *The Threat* y *Walking Among Us*, Jacobs aborda casos en los que abducidos fueron sometidos a procedimientos ginecológicos o a la extracción de semen bajo control, a menudo en condiciones inquietantemente similares a las mías. Muchos describen un entorno que se asemeja a una clínica estéril, con camas o mesas que se sienten más como plataformas que como muebles, y una iluminación que parece emanar de ninguna parte. Los procedimientos se describen como carentes de emoción, clínicos y totalmente unilaterales. Y, como yo, despiertan en sus casas sin señales visibles de cirugía—solo dolor, hinchazón, rigidez, o el resplandor posterior de algo que no pueden explicar.

Más inquietantes aún son los testimonios reunidos por Linda Moulton Howe, que trazó paralelos entre las cirugías en abducciones humanas y los patrones hallados en mutilaciones de ganado—donde se retira tejido blando con precisión láser, a menudo de la mandíbula, el ojo, los genitales y el recto, y siempre sin una gota de sangre. La implicación es difícil de ignorar: los mismos seres que realizan cosechas silenciosas en animales podrían estar también recolectando de nosotros.

Algunos experimentadores han reportado marcas visibles, implantes o incluso incisiones que desaparecen en cuestión de días. Otros, como yo, quedan con rigidez articular o dolor profundo de tejidos que persiste semanas. Pero lo más perturbador de todo es lo que no nos queda—respuestas.

Estos procedimientos no se enmarcan como atención médica. No son para nuestro beneficio. Son actos de recolección. De manipulación. Y en casi todos estos relatos, algo se llevan. Sea médula ósea, semen, óvulos, piel, o algo menos tangible, el patrón es constante.

Perdemos una pieza de nosotros—en silencio, con eficiencia, sin consentimiento. Cuando reflexiono sobre lo que hicieron a mi brazo, y sobre la extraña desaparición del hijo que Samantha y yo esperamos fugazmente, comprendo que mi historia no está sola. Es parte de un patrón mayor—uno que abarca el planeta, oculto a simple vista. Y plantea una posibilidad escalofriante: ¿y si no se trata solo de experimentos? ¿Y si estos procedimientos son pasos en un proceso largo y deliberado que apenas estamos empezando a entender?

8

PIEZAS QUE QUEDARON ATRÁS

Algún momento al final de la primera semana de septiembre, el día 7 u 8, recuerdo haber despertado de pie dentro de una habitación con paredes de color peltre, acompañado por dos Grises altos. Como suele ocurrirme en estos encuentros, estaba desorientado y con la mente nublada: un estado que ya reconozco como una supresión deliberada del pensamiento consciente durante estas experiencias. Mi capacidad para reaccionar emocionalmente o analizar con espíritu crítico lo que estaba pasando se sentía atenuada, como si estuviera intoxicado.

Frente a mí había una pared sin rasgos, lisa y metálica, sin juntas ni pantallas visibles. Uno de los Grises dirigió mi atención hacia ella, indicándome que estaba a punto de ver algo importante. Me pidieron que mirara la pared para que pudiera ver cómo lucía mi descendencia. La formulación me pareció extrañamente clínica y, sin embargo, en ese momento, simplemente obedecí.

En cuanto fijé la mirada en la superficie desnuda, aparecieron tres hileras de imágenes rectangulares que mostraban rostros de diferentes edades. La presentación me recordó a una pantalla digital, pero no había marcos, ni parpadeos de píxeles, ni indicio alguno de que una tecnología hubiera producido aquello. Era como si la pared misma se hubiese transformado en una ventana que me mostraba algo más allá de su superficie. Las imágenes no eran planas, como una fotografía típica. Tenían profundidad, como un holograma, y cuanto más miraba, más sentía que esos rostros no eran meras proyecciones.

Eran reales.

A pesar de la nitidez de las imágenes en ese momento, ahora no consigo recordar sus rasgos faciales. Lo que sí recuerdo son sus distintas edades: algunos parecían párvulos, otros adolescentes, y al menos unos pocos adultos completamente formados. Las implicaciones eran abrumadoras. Fuera lo que fuese lo que me ha estado sucediendo, parecía llevar ocurriendo mucho más tiempo del que yo había creído.

Entonces me giré hacia mis escoltas y pregunté: «¿Cómo se llaman? ¿Tienen nombres?».

Uno de los Grises respondió con otra pregunta: «¿Te gustaría ponerles nombres?».

La pregunta me tomó desprevenido pero, con la mente embotada, la tomé al pie de la letra. Dije: «Claro». En vez de considerar nombres significativos, mi mente recurrió a lo más accesible y familiar: personajes de la serie original de *Star Trek*.

«A este llamémosle Kirk, y a este Spock, y a este McCoy».

En rápida sucesión solté todos los nombres ridículos que se me ocurrieron, asignándolos a los rostros con la ligereza de quien intenta divertirse en una situación absurda. Si hubiera estado en mis cabales, habría elegido nombres dignos—algo atemporal, con sentido. Pero en ese momento nada de aquello me parecía real, aunque estaba allí, de pie, poniéndoles nombre a mis supuestos hijos.

Sin embargo, los Grises parecían divertidos. Percibí que se daban cuenta de que estaba aludiendo a la cultura popular humana. No hubo reprimenda ni desaprobación, solo una vaga curiosidad distante, como si mi reacción les resultara interesante en términos abstractos.

Aun así, algo me dice que esos hijos míos nunca supieron los nombres que les asigné al azar.

OTROS ABDUCIDOS Y LA "PRESENTACIÓN" DE HÍBRIDOS

Más tarde, cuando desperté en mi cama, el peso de la experiencia me golpeó de lleno. Me habían dado la oportunidad de comprender mi implicación, de ver los rostros de aquellos a quienes ayudé a crear y, sin embargo, en el momento lo traté como una broma. ¿Por qué?

No era la primera vez que se informaba que a abducidos se les mostraban sus descendientes híbridos, ni sería la última. Budd Hopkins, David Jacobs y Whitley Strieber documentaron casos similares: hombres y mujeres llevados a lo que parecían guarderías a bordo o a salas donde se les mostraban imágenes de niños híbridos, a menudo con una desconcertante falta de emoción en el momento, para luego verse asaltados por la enormidad de todo ello más tarde.

En la investigación de Budd Hopkins, especialmente en mujeres, muchas relataron que les presentaban a sus hijos híbridos y se les pedía interactuar con ellos. Algunas eran animadas a sostenerlos y consolarlos, mientras que a otras simplemente se les mostraban sus rostros en una exposición tipo pantalla, muy parecido a lo que yo viví. David Jacobs documentó un patrón en el que a los abducidos se les presentaban repetidamente los mismos niños híbridos en múltiples encuentros, como si los Grises pusieran a prueba los instintos parentales humanos o reforzaran un vínculo psicológico.

Whitley Strieber describió un momento en que le presentaron niños pequeños y frágiles, aparentemente en parte humanos, pero inconfundiblemente distintos. No recibió explicación alguna, solo la implicación de que estaban vinculados a él. Por su parte, Dolores Cannon, a través de regresiones hipnóticas, recopiló relatos de abducidos que presenciaron la inserción de almas en cuerpos híbridos—como si los Grises no solo estuvieran diseñando nuevos seres biológicamente, sino también espiritualmente.

La consistencia de estos informes hizo que mi propia experiencia resultara aún más inquietante. ¿Me estaban presentando a esos niños por una razón concreta o era simplemente un experimento psicológico—observar cómo reaccionaría?

UN MOMENTO PERDIDO EN LA NIEBLA

A diferencia de las madres descritas por Hopkins y Jacobs, en ese instante no sentí un vínculo parental natural hacia esos seres. No sentí alegría, ni pena, ni amor. Solo después de despertar en mi cama empecé a procesar lo que verdaderamente había ocurrido. ¿Por qué no reaccioné con más seriedad? ¿Por qué el peso emocional solo me golpeó después?

Esa desvinculación emocional parece ser un rasgo constante en las abducciones, casi como si los Grises suprimieran deliberadamente las reacciones humanas naturales. Me pregunto: ¿son incapaces de comprender los instintos parentales humanos? ¿Intentan aprender a cultivar emociones en los híbridos? ¿O simplemente manipulan nuestra psicología, manteniéndonos en un estado de trance para que no entremos en pánico ni opongamos resistencia? No puedo quitarme la sensación de que, si hubiera estado plenamente despierto, habría reaccionado de forma muy distinta. Quizá por eso nunca nos permiten estar plenamente despiertos. Y por eso vienen a nosotros desde las sombras.

LAS PREGUNTAS QUE ME ATORMENTAN

Más tarde aquella mañana, mientras me incorporaba en la cama, traté desesperadamente de recordar sus rostros, pero los detalles ya se me escapaban. Era como si sus imágenes hubiesen sido borradas, dejándome solo el conocimiento de que los había visto.

Me habían mostrado algo profundamente importante, pero me mantuvieron en un estado en el que no podía asimilarlo ni reaccionar por completo. Y entonces surgieron las preguntas mayores. ¿Cuál es su propósito? ¿Por qué se les cría? ¿Dónde consideran su hogar? No son curiosidades ociosas: son preguntas que arden en mi interior, exigiendo respuestas que nunca llegan.

Pero algo es seguro: están ahí fuera, mis hijos, y existen.

MAYO DE 2022 Y OCTUBRE DE 2022: MIS CHARLAS CON LINDA MOULTON HOWE

Para mayo de 2022, en pleno auge de mis encuentros recurrentes, me sentía cada vez más aislado y necesitado de orientación. Ya había hablado con unas cuantas personas—gente en la que confiaba o que pensé que podría estar abierta—pero hay una diferencia entre desahogarse y encontrar a alguien que realmente entienda. Necesitaba a alguien que hubiera oído historias como la mía, que pudiera decirme si estaba perdiendo el juicio o rozando algo real.

En ese tiempo entré en una especie de frenesí de investigación. Devoraba documentales en Amazon Prime, veía programas en Netflix y hacía *binge-watching* de *Ancient Aliens*, no por curiosidad ociosa, sino como un salvavidas. No buscaba entretenimiento. Buscaba validación. Pistas. Un lenguaje con el que envolver lo imposible.

Entre los expertos que aparecían, una persona destacaba. Una y otra vez hablaba con claridad, seriedad y una profundidad de conocimiento que iba mucho más allá de las frases hechas. Esa persona era Linda Moulton Howe.

Exreportera de investigación, Linda ganó atención nacional en la década de 1980 con su documental *A Strange Harvest*, que exploró el misterio de las mutilaciones de ganado con integridad periodística y valentía. Su trabajo, que le valió un Emmy regional, fue un raro ejemplo de alguien que aportó credenciales investigativas legítimas a un campo demasiadas veces descartado como marginal. A lo largo de las décadas ha informado sobre denunciantes del complejo militar-industrial, tecnología no humana, casos de abducción, secretismo gubernamental y el misterio más amplio de la inteligencia no humana. A través de su web Earthfiles se ha convertido en una figura central en la ufología de alta integridad.

Así que hice algo que no sabía si llegaría a algún lado: entré a Earthfiles.com, encontré su contacto y le envié un correo cuidadoso explicándole quién era y lo que había vivido. Para mi sorpresa, me respondió.

Su tono fue cálido, profesional y genuinamente curioso. En una semana ya habíamos concertado una llamada telefónica. Recuerdo que ese día recorría mi casa de un lado a otro, nervioso pero aliviado, como si por fin fuera a hablar con alguien capaz de dar sentido a todo aquello.

Esa primera llamada duró dos horas. Linda escuchó atentamente mientras le exponía el núcleo de mis experiencias. Aunque nada de lo que compartí era nuevo para mí a esas alturas, hubo un momento en nuestra conversación que me impresionó por su inmediatez.

Cuando le hablé de los orbes de mi infancia—cómo entraban por la puerta del armario e interactuaban directamente conmigo—respondió con una afirmación serena pero firme que se me quedó grabada.

«Erik», me dijo, «en cuanto mencionaste que los orbes entraron por la puerta del armario, supe que estabas diciendo la verdad. Ese pequeño detalle encaja muy bien con otros abducidos a los que he entrevistado que me han contado exactamente lo mismo. Y no es un detalle que esté muy divulgado. Por eso sé que hablas con sinceridad».

Escuchar esas palabras, de alguien de la talla de Linda, significó más de lo que pude expresar entonces. No me estaba dando coba. No me ofrecía una validación vacía. Me estaba diciendo: «Ya he oído esto. No estás solo».

Me dio valor para hablar con más franqueza. Me dio impulso para seguir.

Cinco meses después, en octubre de 2022, Linda volvió a ponerse en contacto conmigo—esta vez con una pregunta concreta. Me pidió programar otra llamada y, por supuesto, acepté.

Durante esa segunda conversación, que también se extendió casi dos horas, Linda me preguntó directamente: «¿Alguna vez te han mostrado imágenes apocalípticas? ¿Te han dado los Grises visiones de eventos catastróficos?».

Hice una pausa y escudriñé mi memoria. La respuesta fue no. Al menos, no que yo recordara. Lo que sí recordé, sin embargo, fue un momento peculiar de un encuentro que había omitido en capítulos anteriores. En ese episodio, yo caminaba junto a un Gris alto, siguiendo la pared de un corredor, colocado hacia el lado interior del paso. Avanzábamos en silencio cuando el ser dijo: «Tienen que deshacerse de sus armas nucleares».

Mi respuesta, desconcertante a posteriori, fue: «Si hacemos eso, renunciamos a la disuasión mutua. No podemos hacerlo».

Cuando desperté de aquel encuentro, me quedé estupefacto—no por el contenido, sino por mi propia réplica. No creo en las armas nucleares. No creo que sean necesarias como disuasión. Creo que son el tipo de farol que nadie debería jamás forzar, un comodín catastrófico sin ganador. Entonces, ¿por qué respondí así? ¿De dónde salió eso?

Sospecho ahora que no hablaba desde mi mente superior, sino desde un estado nublado, manipulado. Uno en el que no pensaba con claridad. Y esa es una de las razones por las que resiento tanto a estos seres. Nunca puedo ser mi versión completa con ellos. Mi mente está constantemente embotada, mi cognición filtrada por su control. Creo que por eso me consideran poco cooperativo. Porque lo soy. Porque odio que me manipulen.

Compartí esta historia con Linda, explicándole que era lo más cercano al tema de "visión apocalíptica" que ella me había preguntado. Escuchó con atención y estuvo de acuerdo en que podría apuntar a un condicionamiento más profundo—o quizá a algo que aún no he recuperado del todo.

Fuera lo que fuese, me alegró que volviéramos a hablar. Linda es una conversadora cautivadora: reflexiva, sabia y generosa con sus ideas. Hablar con ella se siente como conversar con alguien que recorre el mismo camino, solo que unos pasos por delante. Me ayudó saber que tenía la curiosidad suficiente para profundizar, preguntar más y tratar de comprender.

También me dio una clave sobre algo que más tarde escucharía de un productor de *Ancient Aliens* que había trabajado muchas veces con ella: «No existe tal cosa como una conversación corta con Linda». Si mi experiencia sirve de prueba, es cierto. Y, honestamente, ¿qué tiene de malo?

JUNIO DE 2023: LA PRESENTACIÓN DEL BEBÉ

En los meses posteriores a aquel encuentro en el que los Grises me mostraron imágenes de mis muchos descendientes hibridizados, mi vida experimentó algunos cambios significativos. En noviembre de 2022 conseguí empleo a tiempo completo como diseñador gráfico en una empresa nacional de distribución cerca del aeropuerto O'Hare. Fue un cambio muy necesario: llevaba seis meses como "nido vacío" y ya no recibía el ingreso de la seguridad social de mi hija, que antes me ayudaba a cubrir gastos. Económicamente, las cosas se habían puesto difíciles, pero con ese trabajo comencé por fin a recuperar la estabilidad.

Luego, en enero de 2023, Samantha y yo nos separamos en una ruptura totalmente en contra de mis deseos. Yo estaba realmente enamorado de ella, pero las circunstancias nunca jugaron a nuestro favor. La relación se vio tensada por factores que ninguno de los dos pudo controlar del todo y, aunque intenté conservarla, la separación fue inevitable. La pérdida quedó latente como un dolor sordo bajo la superficie de mi día a día, pero a mitad de año había logrado al menos recuperar algo de equilibrio. Meses después pude financiar un automóvil nuevo y, con el trabajo manteniéndome ocupado, sentí que volvía a ponerme en pie—situacionalmente, económicamente y, al menos en apariencia, emocionalmente.

Entonces, a principios de junio de 2023, fui abducido de nuevo. O, como me gusta decir, me llevaron en otra excursión involuntaria.

Recobré la conciencia de pie a bordo de lo que asumo era una nave. La lucidez no volvió con la confusión lenta de un sueño, sino con una brusquedad extraña, como si hubieran encendido de golpe un interruptor en mi mente. Frente a mí se erguía un Gris alto, con sus grandes ojos negros estudiándome en silencio. La sala alrededor era circular, amplia, con un diámetro que estimo de cincuenta o sesenta pies. La circundaban ventanas horizontales muy anchas pero verticalmente estrechas, formando una banda panorámica. Afuera todo era oscuridad, un vacío más allá del cristal que no daba pista de

Angustia en las Sombras:

dónde estábamos—ni a qué altura sobre la Tierra, si es que estábamos sobre ella.

En mi estado de trance, mi mente trató de racionalizar el entorno, intentando darle sentido a lo que veía. No estaba en una nave, pensé. Estaba en una torre de control. Y el Gris frente a mí—no era un alienígena, sino un hombre muy alto. Esta distorsión perceptiva ya la he experimentado antes: una superposición artificial de lógica que parece destinada a calmar al abducido u ocultar la realidad de la situación.

Pero fuera cual fuese la ilusión, no logró ocultar el punto focal de la sala.

En el centro, sobre una mesa metálica lisa, había un bebé.

El niño, de no más de seis o siete meses, estaba de espaldas a mí, de modo que me era imposible verle el rostro. Aun así, por su tamaño y postura supe que era un varón. Se movía activamente, alternando entre sentarse y gatear, con sus manitas explorando la superficie de la mesa con la curiosidad inocente de un infante.

Entonces el Gris habló, con palabras que resonaron nítidas dentro de mi cabeza—no las pronunció, sino que las depositó directamente en mi mente con la precisión inconfundible de la telepatía.

«Es tuyo», dijo.

Las palabras me golpearon con un desapego extraño. Entendí lo que significaban, pero mis emociones permanecieron amortiguadas, como si el verdadero alcance de la afirmación aún no hubiera llegado hasta mí.

El Gris continuó: «Pero tiene un problema genético y estás aquí para proporcionarnos los tejidos que necesitamos para corregirlo».

"Un problema genético". La frase quedó flotando, encendiendo una chispa de confusión bajo la superficie del trance. El tono del Gris no llevaba alarma ni preocupación—solo una enunciación aséptica. Pero las palabras me incomodaron, incluso mientras mi mente luchaba por formular preguntas.

¿Problema genético? ¿Qué significa eso? Quise preguntar. Necesitaba saber. Pero antes de poder hacerlo, me cortaron la conciencia de manera abrupta.

Un momento estaba allí, de pie, mirando al bebé sobre la mesa. Al siguiente, ya no estaba. Apagado como una máquina.

EL DESPERTAR Y LA REALIZACIÓN

Desperté con el timbrazo agudo de mi alarma, con el cuerpo rígido y la mente cargada de cansancio. El reloj marcaba las 5:30 a. m., señalando el inicio de otro día. Pero al incorporarme, algo se sentía fuera de lugar.

El cuerpo me dolía, no por esfuerzo físico, sino por una fatiga indescriptible, como si no hubiera dormido en absoluto. Tenía las extremidades pesadas, la cabeza nublada y los ecos del encuentro aún remolineando en mi mente, tan vívidos como un recuerdo y a la vez lejanos, como si lo hubiera vivido en otra vida.

Y entonces, al asentarse el peso de la experiencia, llegó la tristeza. Me habían mostrado a mi propio hijo—mi hijo—y ni siquiera me permitieron sostenerlo.

La comprensión dolió de una manera que eludía la lógica y atravesaba directo al corazón. Era mío y, sin embargo, no lo era en absoluto. Un niño al que yo había ayudado a crear, que debería haber estado conmigo, yacía en una mesa bajo la custodia de seres que se lo habían llevado antes de que yo siquiera supiera de su existencia.

Y entonces me golpeó otro pensamiento—tan frío y súbito como un viento gélido. El bebé tenía seis o siete meses. Hice las cuentas.

El año anterior, cuando Samantha abortó espontáneamente, me dijo que el parto habría coincidido con mi cumpleaños, en enero de 2023. Eso había sido seis meses antes. Se me hundió el corazón. «Dios mío». ¿Podría ese bebé haber sido también de Samantha? El encaje temporal era demasiado perfecto.

Los Grises toman el feto en la novena o décima semana, lo gestan artificialmente a término y "nace" en enero—solo que no a través del canal de parto de Samantha. Luego, seis meses después, me lo muestran. Una tormenta emocional me invadió. La mujer a la que amaba —y a la que aún amaba—podría ser la madre de ese niño. Tuvimos un hijo juntos. Y, sin embargo, no lo tuvimos. Nos lo arrebataron.

Mis pensamientos se llenaron de preguntas sin respuesta. ¿Qué le habían hecho? ¿Lo habían alterado? ¿Lo hibridaron durante la gestación, manipulando su ADN para sus propios fines? ¿Y era esa la razón del supuesto "problema genético"?

Ojalá estuviera narrando esto como preámbulo a una revelación posterior, un momento en el que eventualmente habría aprendido las respuestas. Pero no puedo. A día de hoy esas respuestas me eluden. Y con ellas, el niño al que no me permitieron conocer.

Le habría puesto un nombre hermoso.

REFLEXIONES SOBRE LOS SUBTEXTOS

Mientras me sentaba en el escritorio esa misma mañana, intentando concentrarme en el trabajo, mis pensamientos volvían una y otra vez a la experiencia. El niño era real. De carne y hueso. Lo vi moverse, lo vi explorar la superficie de la mesa como lo haría cualquier bebé. Pero la forma en que me lo mostraron—de repente, sin aviso, sin contexto—se sintió deliberada. Como una prueba.

Y entonces me cayó encima una realización. ¡Los niños en la pared!

Meses antes, los Grises me habían mostrado imágenes de mi descendencia híbrida proyectadas sobre una pared metálica sin juntas, como si no fueran más que retratos en una galería. En aquel momento reaccioné con ligereza, con la mente nublada y desconectada. Solté nombres de *Star Trek* sin sentir la gravedad de lo que estaba viendo. Los Grises me observaron hacerlo.

¿Pudieron percibir mi falta de apego? ¿Se dieron cuenta de que imágenes estáticas no bastaban para que yo procesara el peso de lo que ocurría? Si era así... ¿pudo este encuentro—la presentación de mi hijo vivo y respirando—haber sido su siguiente intento?

Esta vez no hubo pantallas ni imágenes distantes. En su lugar, me colocaron en una sala con él. Me permitieron verlo moverse, oír el leve roce de sus miembros, observar cómo interactuaba con su entorno.

¿Habrá sido su manera de poner a prueba mi reacción? ¿Para ver si un niño vivo rompería la niebla de mi percepción de una forma que los hologramas no lograron?

Si es así... ¿qué aprendieron? La respuesta, quizá, es que siguieron controlando el desenlace.

No me permitieron tocarlo. Ni siquiera me dejaron ver su cara. En el instante en que pude haber dado un paso, en el instante en que pude haber extendido la mano—terminaron el encuentro. No quisieron arriesgar una respuesta que no pudieran predecir. Observaban algo—¿pero qué?

¿Mi conexión emocional con él? ¿Mi compatibilidad genética? ¿Trataban de determinar si sus descendientes híbridos pueden detonar los mismos instintos de apego que un niño humano? ¿O simplemente querían comprobar si reaccionaría en absoluto? Lo peor es que no lo sé. Puede que nunca lo sepa.

En los días siguientes, las preguntas no me soltaron. Si me están mostrando a mis hijos—¿dónde los crían? ¿Dónde viven, juegan, crecen? No son imágenes fantasmales: son seres físicos en desarrollo. Y si no los crían padres humanos, ¿entonces quién? Pero no es solo el misterio lo que me persigue. Es la pérdida.

Me llevó tiempo darle nombre a esa sensación. Al principio me dije que no estaba enfadado. Que no estaba de luto. Que solo me sentía... vaciado. Como si algo profundamente significativo hubiese sido drenado de mi vida antes de que supiera siquiera que debía aferrarme a ello. Pero cuanto más me permití habitarlo—sentirlo de verdad—más entendí lo que había ahí.

Me siento estafado.

No solo en el sentido biológico. No solo porque tomaron mi material genético. Sino porque no soy únicamente un donante de esperma: soy padre. Y uno bueno. Crié a una hija con cuidado, con sacrificio, con una entrega que me caló hasta los huesos y aún dejó espacio para más. Sé lo que significa la paternidad. Y siempre quise más hijos. Tenía dentro de mí la capacidad de amarlos. De guiarlos. De verlos convertirse en quienes serían.

En cambio, me mantuvieron a distancia de la vivencia misma de la paternidad que ahora sostienen que cumplí. No es que estuviera ausente—estaba criando a una niña con todo lo que soy. Pero aún tenía más para dar. Tenía el corazón, la paciencia, la fortaleza para amar a más hijos, criarlos, guiarlos, protegerlos. Y en lugar de permitir que esa vida se desplegara de forma natural, me mostraron el resultado de algo robado—descendencia a la que nunca sostendré, nunca nombraré, nunca amaré de un modo humano. Niños que existen, quizá sanos en lo físico y diseñados en lo ingenieril, pero sin el hilo sagrado que conecta a un padre con su hijo. Sin cuentos a la hora de dormir ni rodillas raspadas ni susurros de aliento entre lágrimas. Sin mí.

Eso es lo que más escuece. Que me consideraran útil, pero no necesario. Que tomaran lo que necesitaban y no devolvieran nada—ni siquiera la dignidad de verme como algo más que un sujeto de laboratorio.

Y sí, cuando lo dejo asentarse, duelo. Lloro por los hijos que nunca sabrán que fueron deseados de una manera que los Grises jamás podrán fabricar. Duelo por la vida que podría haber tenido—llena de risa, desorden, complejidad y calidez—y por el legado que ahora vive aparte de mí, silencioso e inalcanzable. Y estoy enfadado. No con la furia que estalla, sino con la que se asienta en los huesos como hierro frío. La que dice: merecía algo mejor.

Me mostraron lo que me quitaron como si fuera un acto de cierre. Pero no fue cierre: fue una herida abierta. Un recordatorio de que nunca me vieron como padre, solo como recurso. Y por más pasillos estériles por los que me hagan caminar, por más niños que fabriquen con mi nombre inscrito en su código genético, jamás sabrán lo que realmente robaron. La posibilidad inquietante se fue colando con persistencia creciente: es posible que esos híbridos no estén en algún lugar lejano. Puede que estén aquí—debajo de nosotros—esperando ya.

9

BAJO NOSOTROS, NUESTRO FUTURO

El verano de 2023 fue un tiempo vertiginoso en mi vida, pues parecía que mis visitantes no disminuían sus visitas y mantenían su intervalo general de cuatro a seis semanas. Julio no sería diferente, como resultó. El mes anterior me habían mostrado a un niño que probablemente pertenecía tanto a Samantha como a mí, y yo estaba lidiando con las emociones y las implicaciones de esa revelación. También luchaba con si contárselo a Samantha, aunque hacerlo no reportaría ningún beneficio. Si bien ella era receptiva al hecho de mis "visitas" y creía mis relatos de cada incidente, temía que, si le hablaba de nuestro hijo, pudiera recibir la noticia con escepticismo, quizá como un ardid para hablar con ella con miras a reiniciar nuestra relación. En consecuencia, mi vacilación persistió y nunca lo mencioné.

En la segunda mitad de julio me llevaron de mi cama una vez más y me volví semiconsciente en posición sentada en una sala muy parecida a aquella en la que el año anterior me habían mostrado una pared con imágenes de mi descendencia. Y, como en aquel encuentro, recuerdo estar en presencia de dos Grises altos. Mi confusión durante este episodio fue pronunciada. No puedo recordar el motivo por el que estaba allí ni los detalles de mis intercambios con los dos

Grises. Solo recuerdo un fragmento de conversación. Recuerdo que pregunté por mi descendencia, ya que el recuerdo de haber conocido a mi hijo estaba fresco. Recuerdo haber preguntado por qué no podía estar con mis hijos y que estaba molesto con ellos. La respuesta que recibí fue algo despectiva. Me dijeron que mis hijos eran solo «medio mono peludo» y que no podían vivir en mi sociedad. No entendí por qué dirían algo así, pero supongo que estaban molestos conmigo. Tal vez, antes de que empezara mi recuerdo de ese incidente, cuando me hice lo bastante consciente, me había mostrado grosero o duro con ellos.

Acepté su explicación de por qué mis hijos no podían unirse a mí, pero quise saber más. Pregunté a los dos Grises dónde, exactamente, mantenían a mis hijos. En ese momento me invitaron a ponerme de pie y me indicaron una pared lisa y gris—muy parecida a aquella en la que me mostraron a mis numerosos descendientes el año anterior. En la pared apareció un mapa tridimensional. Lo reconocí de inmediato. ¡Era un mapa de los 48 estados contiguos de Estados Unidos! E incluía todas las divisiones estatales. No me lo esperaba.

La imagen del mapa se amplió como si hiciera *zoom* sobre Illinois y su región circundante, pero con un ángulo de 45 grados. Podía ver el lago Míchigan, las porciones meridionales de Wisconsin y Míchigan... podía ver las partes orientales de Iowa y Misuri y el oeste de Indiana. Y dentro de Illinois aparecieron lo que percibí como grandes cavernas subterráneas construidas, corriendo paralelas entre sí de norte a sur, justo al oeste de la frontera con Indiana.

Eran tres cavernas. Dos que corrían paralelas a la misma profundidad, quizá a un tercio o a media milla bajo la superficie, y una algo más profunda, situada entre ambas. Todas eran más anchas en el centro y se estrechaban en los extremos, con sus extremos meridionales inclinándose hacia abajo. Mi primer pensamiento fue comparar sus formas con tres bananas, aunque más planas en su curvatura. Estas cavernas, según se mostraban, eran ENORMES. En el extremo norte comenzaban un poco al sur del South Side de Chicago... más o menos a la altura de la base del lago Míchigan, y se extendían tan al sur como Peoria, Illinois. Tales cavernas podrían albergar a mucha gente. Suficiente para llenar una ciudad, fácilmente.

Perdí la conciencia poco después de ver el mapa. Pude examinarlo de siete a diez segundos; no recuerdo con precisión cuánto. Pero está grabado en mi memoria y aún puedo verlo.

Al despertar de nuevo en casa, me incorporé en la cama con el mapa fresco en mi mente. Aunque resultaba extrañamente reconfortante saber que mi descendencia estaba cerca y no en algún otro mundo, la revelación generó más preguntas de las que respondió. Por ejemplo, ¿cómo son posibles cavernas así? Si existen, ¿cómo es que no se conocen? Las únicas cavernas de las que tengo noticia están cerca de San Luis. ¿Cómo podría alguien extraer y desplazar tanto material sin ser detectado? Cavernas de ese tamaño deben haber desplazado suficiente roca como para rivalizar con el canal de Panamá. Pero más profundo que los aspectos técnicos de estas cavernas, si existen, están las implicaciones que plantea su existencia.

Doy por hecho que los Grises están criando una raza híbrida de personas. «Medio mono peludo», como se burlaron, y medio otra cosa. Sin embargo, la existencia de estas cavernas—y el motivo por el que me las mostraron—sugeriría que estos híbridos se mantienen localmente. Y si es así, ¿significa que están siendo criados para VIVIR en la Tierra? He leído especulaciones en mi investigación donde otros proponen que los híbridos humano-Gris se crean para salvar su propia especie, que habría perdido la capacidad de procrear sexualmente. La suposición sería que llevarían a su nueva descendencia a su propio mundo. Pero estas cavernas sugerirían lo contrario. El mero tamaño de esas cavernas me sugiere que están ubicando sus operaciones de cría en instalaciones subterráneas como estas, posiblemente por todo el planeta. Podría especularse que tiene sentido basar operaciones cerca de grandes centros de población, como Chicago. ¡Estarían más cerca de su "ganado" reproductivo! Pero, de nuevo, con su tecnología, la distancia difícilmente es un obstáculo. Tal vez la ubicación de estas cavernas se basa en el tipo de roca del subsuelo de Illinois. Y en el hecho de que esta región es geológicamente muy estable, dado que los terremotos son raros.

Ante estas preguntas decidí examinar más de cerca la viabilidad de tales cavernas en el emplazamiento que me mostraron. Si no puedo probar que existan, quizá pueda saber si al menos son POSIBLES. Si un análisis muestra que es posible, o si hay alguna ventaja en el diseño y la ubicación tal como se me mostraron, entonces quizá el mapa era real y no algo que yo pudiera inventar en un sueño. Si esas cavernas estaban inteligentemente diseñadas, eso añadiría peso al recuerdo.

VIABILIDAD GEOLÓGICA DE LAS CAVERNAS

Lo primero que consideré fue la composición del lecho rocoso del este de Illinois, en particular al oeste de la frontera con Indiana, donde parecían ubicarse las cavernas. Lo que encontré fue interesante. La roca dominante en esa región es la dolostona, una roca carbonatada sedimentaria similar a la caliza pero con mayor contenido de magnesio. Se forma en entornos marinos y es conocida por ser estructuralmente resistente y poco susceptible a la erosión, lo que significa que teóricamente podría soportar grandes cámaras subterráneas. A diferencia de rocas más sueltas o porosas, la dolostona no colapsaría por su propio peso si se tallaran cavernas enormes en ella.

La dolostona se ha explotado y minado desde hace mucho, y ya se han creado grandes vacíos subterráneos en formaciones rocosas similares. Hay minas de caliza y dolostona por todo el Medio Oeste, y muchas se han reconvertido en depósitos, instalaciones militares e incluso ciudades subterráneas. La estabilidad de esta roca—unida al hecho de que Illinois no es propenso a grandes terremotos—la convierte en una candidata ideal para la construcción subterránea.

En cuanto al diseño de las cavernas, era demasiado deliberado, demasiado estructurado como para ser algo no planificado. Tres cámaras vastas, corriendo en paralelo bajo Illinois, no es algo que la naturaleza cavaría por sí sola. Su disposición sugiere una función específica.

Las dos cavernas superiores se situaban a la misma profundidad, extendiéndose de norte a sur, más anchas en sus centros y estrechándose en los extremos. Debajo de ellas, una tercera caverna yacía posicionada entre ambas pero más profunda. Las tres se inclinaban hacia abajo en sus extremos meridionales, un detalle que me pareció importante. Cuanto más lo examinaba, más me daba cuenta de cuánto propósito podía esconder ese diseño.

La estructura paralela de las dos cavernas superiores aseguraría una distribución pareja de cargas, reduciendo el riesgo de colapso. La tercera caverna, más profunda y entre ambas, podría desempeñar un papel de "amortiguador" estructural, evitando fracturas de tensión o acumulaciones de presión. O quizá fuera algo completamente distinto: una vía de transporte subterráneo, un recinto de almacenamiento o un pasillo para moverse entre las cámaras superiores sin interrumpir lo que sucediera dentro de ellas.

Y luego estaba la pendiente. La inclinación descendente en los extremos sur de las tres cavernas no podía ser casualidad. El agua siempre es un problema bajo tierra y, en una operación de esta escala, el drenaje sería una necesidad. Si el agua se acumula en algún punto, fluiría de forma natural hacia el sur, lejos de las zonas críticas. Tal vez tuvieran embalses, un sistema de escorrentía controlada o incluso formas de reutilizar el agua según sus necesidades. Encontré otra posibilidad: el flujo de aire. En espacios cerrados, gases más pesados como el dióxido de carbono tienden a asentarse. Un diseño con pendiente podría canalizar la circulación del aire, manteniendo un ambiente controlado y respirable.

¿Y la profundidad? También la consideré. Aunque no puedo estar seguro de la profundidad exacta con solo un vistazo al mapa, estimaría alrededor de un tercio de milla, quizá media milla como máximo. Algo entre 1,700 y 2,500 pies. Curiosamente, en meses recientes fui un paso más allá. Examiné estudios geológicos del este de Illinois—en concreto la franja al oeste de la frontera con Indiana donde recuerdo haber visto las cavernas. Lo que hallé solo afianzó mi convicción. A profundidades de 1,700 a 2,600 pies, el basamento en ese corredor está compuesto por carbonatos del Mississippiense y Devónico—principalmente dolostona y caliza—ambas estructuralmente competentes y, según la experiencia, capaces de albergar

Angustia en las Sombras: 99

vacíos de disolución profundos. Según el Illinois State Geological Survey y datos asociados del U.S. Geological Survey, no hay nada en el registro geológico publicado que impida la existencia de cavernas a esas profundidades. De hecho, tales formaciones carbonatadas—yaciendo por debajo de centenares de pies de sobrecarga glaciar—podrían albergar espacios huecos grandes sin ser detectados. Son el mismo tipo de formaciones que se usan para almacenamiento de petróleo y gas, búnkeres militares e incluso sitios profundos de secuestro de CO_2. Y debido a la resolución limitada de exploraciones sísmicas profundas en áreas rurales, tales vacíos, incluso masivos, podrían permanecer invisibles salvo para investigaciones geológicas muy dirigidas.

Aunque no puedo asegurar el alineamiento exacto, según mi recuerdo del mapa, las cavernas parecían comenzar aproximadamente a la latitud del extremo sur del lago Míchigan y extenderse hacia el sur quizá hasta Bloomington. Si es correcto, abarcarían un corredor bajo condados como Will, Kankakee, Grundy, Livingston, Iroquois, Ford, Champaign y Vermilion, formando una banda norte-sur justo al oeste de la frontera con Indiana. Es una región no conocida por cavernas naturales—no hay zonas kársticas documentadas allí—pero precisamente por eso la revelación era tan extraña e interesante. Puede que nunca logre demostrar la existencia de esas cavernas, pero la evidencia geológica muestra claramente que su existencia no es fantasía: es verosímil. Y si es verosímil, entonces lo que me mostraron quizá no fue metáfora ni manipulación. Podría haber sido real.

Más aún, los condados que se superponen al corredor que describí—Will, Iroquois, Vermilion, Douglas, Coles y Cumberland—quedan fuera de la faja petrolera tradicional de Illinois. La mayor parte de la perforación petrolera del estado ha ocurrido históricamente mucho más al sur, en condados como Marion, White y Crawford. Esto significa que la región bajo el este de Illinois ha visto relativamente poca exploración profunda con perforaciones. Con menos registros de pozos y menos incentivos para estudios sísmicos de alta resolución, las posibilidades de detectar grandes anomalías subterráneas—como las cavernas que me mostraron—serían escasas. Si acaso, la falta de actividad petrolera en esta parte del estado deja un vasto punto ciego bajo la superficie. Y ese punto ciego podría estar ocultando algo.

¿Qué temperatura ambiente habría a esa profundidad?, me pregunté. Investigando, conocí el llamado "gradiente geotérmico", que añade calor cuanto más desciendes bajo la superficie. Si partimos de la temperatura media superficial del este de Illinois— unos 50-54 °F—y sumamos el calor en profundidad, el gradiente aporta unos 25 a 30 grados Celsius por kilómetro. Entre un tercio y media milla, hablamos de temperaturas ambiente de entre 75 y 95 °F, todo el año. Si me equivoco con la profundidad y fuera menor, las temperaturas podrían ser más cómodas para la habitabilidad humana. A mayor profundidad que un tercio de milla, sería necesario enfriamiento activo para la vida humana.

Todas estas consideraciones geológicas y de diseño, aunque aún especulativas, sugieren que hay más en este mapa de lo que mi imaginación podría presentar en un escenario onírico. ¿Por qué lo menciono? Aunque recuerdo estar despierto en un estado semiconsciente y estoy plenamente dispuesto a aceptar que fue un encuentro genuino como los demás, le apliqué un escrutinio adicional porque es algo que puede investigarse. Un detalle físico y tangible que podría comprobarse o refutarse. El mapa me dio una ubicación y un diseño. Aunque no tengo equipo sísmico para tratar de detectar vacíos a un tercio de milla en la roca… y ciertamente no tengo forma de acceder a esas cavernas (suponiendo que existan), al menos es posible analizar con más detalle lo que me mostraron. Como no soy geólogo, el examen somero que detallo aquí me satisface por ahora. Sin embargo, doy la bienvenida a comentarios si algún experto lee estas páginas. Y si alguien quiere buscar evidencia bajo nuestros pies, me fascinaría. Digo esto con pleno entendimiento de que, si se refutara la existencia de estas cavernas, podría tirar mi credibilidad por un pozo. Pero, a fin de cuentas, muchas de las cosas que les relato en este libro son difíciles de aceptar para escépticos con mentalidad científica.

UNA HISTORIA, DEBAJO

Mientras he ido explorando cada aspecto de mis encuentros, buscando antecedentes modernos e históricos—con ansias de entender qué me ha pasado y por qué—decidí usar mi memoria como medio de investigación. No solo para compartir mis recuerdos, sino para comentar lo que he aprendido en mi camino de descubrimiento.

Si bien me interesa conocer el propósito de que me mostraran un mapa de estas cavernas—la ubicación de mi descendencia genética y una base local de operaciones para un programa de cría—se me ocurrió que he oído muchos ejemplos, dentro de la ufología y de la teoría de los antiguos astronautas, de gente que reportó bases subterráneas usadas por alienígenas o por aquellos a quienes se asumía dioses.

Mi experiencia viendo este mapa, por tanto, no está aislada: forma parte de un patrón mayor que ha persistido a lo largo de la historia. En diferentes culturas y en la investigación ovni moderna, han existido afirmaciones persistentes de actividad no humana bajo la superficie terrestre. Se les llame dioses, maestros ocultos o simplemente otra especie anterior a nuestra historia registrada, la idea de entidades no humanas residiendo en ciudades y túneles subterráneos no es nueva.

Tomen, por ejemplo, las leyendas hopi del Pueblo Hormiga. Según la tradición oral hopi, durante dos grandes cataclismos, el Pueblo Hormiga refugió a los hopi bajo tierra, salvándolos de la destrucción en la superficie. Estos seres se describen con extremidades delgadas, cabezas grandes y capacidades telepáticas—una descripción inquietantemente parecida a la de los Grises. Los hopi fueron guiados por sistemas de túneles en lo profundo de la Tierra, donde el Pueblo Hormiga los cuidó y alimentó. ¿Podría ser esta historia un recuerdo distorsionado de una intervención extraterrestre? Y si es así, ¿sugiere que hábitats subterráneos—como las cavernas que me mostraron—han existido en la Tierra durante miles de años?

Otras culturas antiguas cuentan relatos similares de reinos subterráneos. Los textos hindúes hablan de Pātāla, un vasto dominio subterráneo habitado por los Nāgas—seres serpentinos de inmenso conocimiento. En algunas interpretaciones, los Nāgas eran de origen extraterrestre, poseyendo tecnología y sabiduría más allá de la comprensión humana. Las tradiciones tibetanas y budistas describen Shambhala y Agartha, legendarias ciudades ocultas bajo tierra donde residen seres iluminados. Se decía que estos reinos eran inaccesibles para los humanos comunes, protegidos por tecnología avanzada o barreras espirituales—conceptos que suenan inquietantemente similares a relatos de bases alienígenas subterráneas.

Las civilizaciones maya y mexica también hablaban de Xibalbá, el "Lugar del Miedo": un reino subterráneo habitado por seres poderosos, casi divinos. Se decía que este inframundo estaba conectado a la superficie por túneles ocultos y cuevas profundas. Algunos investigadores han especulado que las civilizaciones antiguas tuvieron contacto directo con seres que vivían bajo tierra y que estas historias son vestigios de encuentros reales con seres no humanos.

Incluso en la mitología occidental encontramos ecos de este tema. El inframundo griego, Hades, no era simplemente una tierra de muertos: era un vasto reino estructurado bajo la Tierra, gobernado por entidades poderosas. Muchos griegos creían que ciertas cuevas y túneles eran puertas de acceso a ese mundo oculto, de modo parecido a cómo la investigación ovni moderna describe puntos de acceso ocultos a bases subterráneas.

UFOLOGÍA MODERNA Y BASES SUBTERRÁNEAS NO HUMANAS

En la investigación ovni contemporánea, las bases subterráneas son un tema recurrente. La más famosa es la Base de Dulce, en Nuevo México, donde denunciantes afirman que se realizan experimentos de hibridación bajo la superficie. Phil Schneider, antiguo ingeniero militar, aseguró haber sido testigo de bases militares profundas (los llamados DUMBs) donde extraterrestres y científicos humanos trabajaban juntos.

Otro caso notable es el del monte Shasta, en California, asociado desde hace tiempo a actividad ovni, seres "místicos" e historias de una civilización subterránea. Muchos habitantes y visitantes han reportado luces extrañas, tiempo perdido y encuentros con entidades no humanas—experiencias que se asemejan a los relatos de abducción.

Bob Lazar, una de las figuras más conocidas de la "divulgación" ovni, describió haber sido instruido sobre instalaciones subterráneas donde extraterrestres trabajaban con humanos en investigación genética. También habló de sistemas de transporte subterráneos masivos, sugiriendo una vasta red de túneles ocultos bajo Estados Unidos.

Y luego está la "teoría de la Tierra Hueca", que—si bien es controvertida—propone que grandes espacios subterráneos podrían albergar antiguos puestos extraterrestres o civilizaciones escindidas. Algunos investigadores creen que ciertos sistemas de cuevas profundas permanecen inexplorados porque podrían conducir a asentamientos activos de seres no humanos.

VINCULÁNDOLO CON MI EXPERIENCIA

Si las cavernas bajo Illinois forman parte de este fenómeno mayor, entonces debo preguntarme: ¿cuántas de estas instalaciones existen en todo el mundo? ¿Podrían los Grises estar ubicando selectivamente estos centros de híbridos cerca de núcleos poblacionales para mantenerse cerca del material genético que necesitan? Y si estas cámaras subterráneas no son solo para cría, sino para la eventual habitabilidad, ¿qué nos dice eso sobre su plan a largo plazo para los híbridos?

Las respuestas no están claras, pero sí lo está que el mapa que me mostraron encaja en un contexto histórico y moderno mucho más amplio. Ya sea en leyendas antiguas, en testimonios de la ufología o en encuentros directos como el mío, la historia es la misma: están aquí, y muchos de ellos están debajo de nosotros.

10

EL DOCTOR TE TOCARÁ AHORA

A finales de agosto de 2023 llevaba meses sintiéndome mal. Lo que empezó como una simple ERGE durante mi relación con Samantha se convirtió en algo peor. Dolores agudos en el estómago se habían vuelto casi diarios, apareciendo de forma inesperada y dejándome horas con molestias. El reflujo ácido también me acosaba, no solo en el esófago sino a lo largo de todo el tracto digestivo, como si hubiera algo fundamentalmente mal dentro de mí. Lo achaqué al estrés, a la dieta o quizá a la mala suerte, pero un presentimiento persistente me decía que era algo más.

A pesar de las molestias, me resigné a sobrellevarlo. Al fin y al cabo, la vida no se detiene por un dolor de estómago. Tenía otras cosas en mente: el trabajo, las responsabilidades y las emociones persistentes de mi último encuentro recordado. La revelación de mi hijo híbrido me había dejado huella de un modo que no esperaba. Pasé semanas repitiendo el momento en mi cabeza, preguntándome qué no me estaban diciendo. ¿Me lo mostraron como una prueba? ¿Una advertencia? ¿Una burla?

Fuera cual fuera la respuesta, saber que mi hijo estaba ahí afuera, en alguna parte, me había marcado. No era algo que pudiera comentar con nadie—ni siquiera con Samantha, que quizá era la madre del niño. Y, aun con todas las preguntas que seguía teniendo sobre esa experiencia, no esperaba que me volvieran a llevar tan pronto.

Cuando llegó la abducción, no desperté en mi cama ni tumbado sobre una mesa metálica extraña. En cambio, tomé conciencia de que ya estaba de pie, con el cuerpo rígido y desorientado. Mi primera sensación fue incómoda: presión en la parte baja del abdomen, un calor que se expandía por mis entrañas. Y entonces, al parpadear hacia la consciencia, me di cuenta de que alguien me estaba tocando.

Sentado frente a mí había quien creí que era un médico humano, y su mano me estaba sujetando los genitales. Justo cuando empecé a hacerme consciente de mi situación y del entorno, la niebla mental se levantó un poco al sentir una oleada de sensación desde la mano del "médico" que viajaba de mis genitales hacia el abdomen y los riñones. Esa sensación elevó más mi nivel de consciencia: había llegado a mi punto máximo de lucidez... y de fastidio.

"Eh, ¿qué me estás haciendo?", protesté. "¿Quién eres?" No ofrecí resistencia física a la desagradable sensación de que me tocaran ahí abajo, pero no me contuve a la hora de quejarme. El "médico" no respondió a mi pregunta, así que, mientras esperaba alguna explicación, empecé a fijarme en el entorno.

Aquel "médico" y yo estábamos en una sala muy grande, que compararía en tamaño con un pequeño almacén, con techos altos. Quizá de 5 a 6 metros de altura. Las paredes y el suelo, como en encuentros anteriores, eran de gris plomizo, y solo el área inmediata alrededor de nosotros estaba moderadamente iluminada. Como antes, no se distinguía ninguna fuente visible de luz. Justo más allá del perímetro de nuestra área, en las sombras, pude ver a una docena o más de Grises muy altos mirando en nuestra dirección, como si observaran mis interacciones con el "doctor".

"Entonces, ¿por qué me has tocado ahí abajo? ¿Dónde estamos? ¿Qué quieres?", seguí. El doctor se levantó de su banco y pasó junto a mí hacia el centro de la sala. Al girarme para seguirle, noté que yo había estado de pie frente a un banco propio, con el que casi tropiezo al intentar ir tras él. El doctor caminó hacia un armario cilíndrico alto en el centro del recinto. La abertura del armario debía de tener 2,5 a 2,7 metros de alto, y de su interior emanaba una luz intensa que contrastaba con la penumbra de la sala. El armario parecía prolongarse en altura hasta el techo. Mientras se dirigía a él, empecé a comportarme de forma pendenciera con el doctor: me sentía faltado al respeto por su falta de respuesta. Me cuesta recordar las frases exactas que le solté, pero mi tono era cada vez más grosero. Cuando llegó al "armario" luminoso, entró, supongo que para recuperar algo que necesitaba. Al reaparecer, algo en mi conciencia cambió: de repente creí que el médico que salía era otro distinto. Mi memoria visual, por supuesto, registra que parecía el mismo individuo. Tal vez no le gustó mi actitud y usó un velo posthipnótico para "reiniciarla". Partiendo de la idea de que hablaba con un nuevo doctor, le acompañé de vuelta al conjunto de bancos donde habíamos estado. Mientras caminábamos, me quejé a este "nuevo" doctor de que "el otro" había sido muy grosero conmigo y me había tocado "las pelotas", y que no me gustaba. El doctor se sentó e hizo un gesto invitándome a hacer lo mismo.

Al sentarme, el doctor se inclinó hacia mí y apoyó ambas manos en mi abdomen, moviéndolas en círculos semicirculares. Fue entonces cuando pude observar mejor a aquel individuo. No se parecía a los Grises altos ni a los pequeños. Este tenía una barriga algo prominente. No llevaba ropa—algo que antes no había notado— y su rostro era rollizo. Tenía mejillas grandes para acompañar unos ojos muy grandes. Si comparara sus rasgos con algo familiar, diría que me recordó a una rana. En mi estado de trance, se suponía que debía pensar que era humano, pero sabía que no lo era. Mi mente quería ver a esa figura "anfibia" de manera humana, así que, de forma extraña, se me aparecía como el célebre actor de carácter Wallace Shawn. Pero eso sería... inconcebible.

Mientras el doctor tenía las manos en mi abdomen y yo intentaba hablarle, me distrajeron las conversaciones que se producían al fondo entre la docena larga de Grises altos que nos observaban. No hablaban en voz audible, entiéndase, sino telepáticamente entre ellos. Yo no podía comprender nada de lo que decían, pero podía oír a cada uno de ellos simultáneamente, llenándome la mente de un parloteo imposible de filtrar mientras intentaba hablar con el doctor. Cada vez más molesto, me enojé y aparté la mirada del doctor hacia nuestros observadores en las sombras. No sabía cómo pedirles que callaran, ya que no entendía lo que decían, así que usé la mano izquierda abierta para hacer un gesto descendente, sugiriendo que se callaran y se alejaran.

Justo al hacer ese gesto, oí cómo todo su murmullo caía en silencio al instante. Y, como un conjunto coreografiado, todos nos dieron la espalda y se internaron más en las sombras, cerca del muro. Luego vi cómo volvían a girarse hacia nosotros y continuaban su observación. Pero ya no podía verlos con claridad.

Instantes después, el doctor retiró las manos de mi abdomen y alzó la cabeza para encontrar mi mirada. "Tienes un enemigo dentro de ti", me dijo telepáticamente. En mi confusión en trance intenté darle sentido a sus palabras. "¿Una anémona?", pensé, creyendo que decía "erizo de mar". Repetí sus palabras en mi mente y me di cuenta del error.

El doctor continuó: "pero te vas a sentir mejor en unos días." Justo al comunicar esas últimas palabras, vi al doctor desplomarse en el banco, con un gesto exhausto y triste. No sé si estaba triste porque yo había sido grosero, o si había usado su propia energía para tratar alguna enfermedad mía y eso lo agotó. Una parte de mí sospecha que quizá ambas cosas sean ciertas.

Poco después de ver al doctor vencerse ante mí, perdí el conocimiento. No sé a qué hora me llevaron, pero al despertar vi en el reloj de mi dormitorio las 4:45 a. m.

Abrí los ojos, me incorporé y tomé el mando para encender las luces de mi cuarto. Encendí las luces rojas para no deslumbrar al cerebro. Mientras reflexionaba sobre lo ocurrido, puse las manos sobre el vientre y me di cuenta de que lo sentía mejor que en años. La ERGE que me había acosado al menos dos años había desaparecido, al igual que los pinchazos en el estómago que había sentido durante unos quince meses.

"'Tienes un enemigo dentro de ti'", recordé que me dijo el doctor.

¿Qué podía significar? ¿Era mi ERGE algo más serio? Ocho meses antes, poco después de mi ruptura con Samantha, supe que le habían diagnosticado cáncer gástrico en estadio 2. Y ella había empezado a sentir molestias en el estómago más o menos al mismo tiempo que yo el año anterior. ¿Podían estar relacionados los dos casos? Sus médicos biopsiaron unas zonas rojas e irritadas que vieron durante una endoscopia y resultaron cancerosas. Su tratamiento consistió en extirpar una pequeña porción del estómago. Me alegra decir que la cirugía fue un éxito. Pero ¿pude yo tener lo mismo?

Los síntomas que había padecido tanto tiempo remitieron durante seis o siete meses. Sin embargo, probablemente por mi dieta poco esmerada, en mayo de 2024 volvieron el reflujo y los dolores agudos. Decidí consultar a un gastroenterólogo y me realizó una colonoscopia y una endoscopia alta. ¿Qué encontraron? Una infección fuerte de *H. pylori* en el estómago. Tan fuerte que decidió biopsiar unas zonas rojas e irritadas que vio. Las zonas que fotografió y biopsió se parecían casi idénticas a las de Samantha que resultaron cancerosas. Así que surge la pregunta: ¿era el "enemigo dentro de mí" un cáncer? ¿Contraje la *H. pylori* de Samantha? ¿O ella la contrajo de mí? Una investigación rápida me mostró que *H. pylori* puede transmitirse al besarse, así que nuestros casos podrían estar relacionados.

Si yo tuve cáncer gástrico de forma incipiente, ¿por qué me trataron? ¿Están asegurando mi supervivencia para que siga siendo donante de tejidos para la cría? ¿Tomaron el embarazo de Samantha porque detectaron su cáncer y no querían que dañara al feto? Si fuera así, ¿por qué no trataron a Samantha? Dado que no lo hicieron, parece probable que nos habrían quitado al niño de todos modos.

Quizá no hubo nada altruista en su "curación". Tal vez no me salvaron: simplemente me "mantuvieron". Si soy una inversión, entonces mi bienestar solo importa en la medida en que sirva a sus fines. Esto me deja sintiéndome como un rehén al que le dieron la atención médica necesaria, no por bondad, sino por utilidad.

Estoy atrapado entre el resentimiento y la gratitud a regañadientes. ¿De verdad me vigilan, o solo me mantienen en condiciones de funcionar? Al final, puede que nunca lo sepa.

UN PATRÓN DE SANACIÓN: CASOS HISTÓRICOS DE INTERVENCIÓN MÉDICA NO HUMANA

En los casi dos años desde mi encuentro con el doctor regordete, quise investigar si mi curación era una experiencia única entre los abducidos o si era relativamente común. Mi lectura indicó que la idea de extraterrestres curando a abducidos se ha documentado durante décadas, y algunos de los casos de abducción más conocidos incluyen informes de recuperaciones físicas repentinas, a menudo tras procedimientos médicos realizados por entidades no humanas.

Uno de los relatos más famosos de curación extraterrestre proviene de Whitley Strieber, quien describió en su libro *Transformation* (1988) un incidente en el que un ser similar a un Gris le dirigió un misterioso haz azul a la sien. Más tarde descubrió que había desaparecido una lesión dolorosa con la que lidiaba. Strieber se quedó preguntándose si el procedimiento buscaba curarlo o si le habían hecho otra cosa—del mismo modo que yo me pregunto si los Grises sanaron mi estómago por necesidad o por interés propio.

Otro caso que me viene a la mente es el de Calvin Parker, uno de los dos hombres implicados en la abducción de Pascagoula de 1973. Durante su experiencia, Parker recordó haber sido sometido a un examen médico invasivo a bordo de la nave. En las semanas posteriores, su enfermedad crónica desapareció misteriosamente. Más tarde especuló con que, fuese lo que fuese que le hicieron, pudo haber eliminado de su cuerpo una afección no diagnosticada. Como en mi propio caso, quedó con más preguntas que respuestas.

Uno de los casos más inquietantes es el de Jesse Long, un abducido que afirmó que los Grises lo tomaron múltiples veces a lo largo de su vida, empezando en la infancia. En una de sus experiencias posteriores recordó que le practicaron un procedimiento quirúrgico insertando un instrumento afilado en la pierna. A la mañana siguiente, la herida estaba completamente curada, con solo una pequeña cicatriz. Sin embargo, años después se sometió a cirugía por un dolor inexplicado en la pierna y, para su sorpresa, los médicos extrajeron un pequeño objeto metálico incrustado profundamente en el tejido—uno que no había entrado por vías "naturales". ¿Podría ser un ejemplo de nanotecnología no humana, usada no solo para rastrear sino para monitorizar o regular el cuerpo?

Otro caso llamativo es el de Alec Newald, un neozelandés que desapareció diez días en 1989 y luego afirmó que había sido llevado a una civilización no humana donde vivió entre seres avanzados. Durante su estancia, las entidades le explicaron que la atmósfera y la dieta de la Tierra eran altamente tóxicas para la biología humana y que habían corregido parte del daño celular de su cuerpo antes de devolverlo. Tras su experiencia, Alec reportó sentirse físicamente rejuvenecido—como si su cuerpo hubiera sido restaurado a nivel molecular. Su relato guarda similitudes con casos en los que los abducidos regresan con una energía renovada, como si algo dentro de ellos hubiese sido ajustado u optimizado más allá de la capacidad de la medicina humana.

Y está también el testimonio del Dr. Roger Leir, podólogo que documentó la extracción de supuestos implantes no humanos en abducidos. En su libro *The Aliens and the Scalpel* describió casos en los que las lesiones de los abducidos sanaban de forma instantánea tras los encuentros, lo que llevó a especular que los propios implantes podrían haber sido usados para monitorizar, regular o incluso reparar funciones biológicas. Si los Grises nos ven como recursos genéticos, ¿podrían también estar manteniendo sus "inversiones" para asegurar que los abducidos sigan siendo viables para la cría?

Sean sus intenciones benévolas o puramente pragmáticas, el resultado es el mismo: algunos abducidos sanan. ¿Pero a qué costo? ¿Y con qué propósito? Me queda la duda: ¿fue mi curación un regalo... o simplemente un medio para asegurar mi uso continuado?

11

LA HABITACIÓN A LA QUE NO PUDE ENTRAR

Tras mi encuentro de agosto de 2023, no recuerdo nuevas visitas ese año. Es posible que, si seguían viniendo por mí, me mantuvieran dormido y no me permitieran estar consciente. O quizá por fin encontraron un método para que no recordara nuestros encuentros. En cualquier caso, la pregunta permanecía en mi mente: ¿tengo más experiencias sepultadas en algún lugar de mi subconsciente? Para diciembre ya había decidido investigar esa posibilidad: con hipnosis.

En enero de 2024 resolví intensificar mi indagación sobre estas experiencias, que para entonces se habían vuelto menos frecuentes—o tal vez se habían desplazado hacia encuentros inconscientes que ya no podía recordar. Durante el año anterior me había adentrado más en el fenómeno de las abducciones, decidido a comprender mejor lo que me estaba ocurriendo. Empecé a ver diversos documentales en plataformas de streaming y me topé con debates sobre la hipnosis regresiva como herramienta para abducidos como yo.

Me pregunté: ¿podría recuperar más recuerdos que hubiera reprimido? ¿Quedaban detalles de los años setenta aún bloqueados? ¿Podría haber encuentros de mediados de los noventa que jamás había recordado conscientemente? O incluso dentro de las experiencias que sí recordaba, ¿había huecos en mi conciencia—momentos que habían sido velados? La posibilidad me intrigó.

A través de mi investigación me familiaricé con varias personas que se especializan en ayudar a gente como yo. Una de ellas era Barbara Lamb, a quien había visto en *Ancient Aliens* y en la serie *ETs Among Us*. Barbara es psicoterapeuta licenciada (ya retirada) que pasó décadas trabajando como hipnoterapeuta y terapeuta de regresión, guiando a personas por regresiones a vidas pasadas y recuperación de memorias de abducción.

Con un poco de pesquisa di con el número profesional de Barbara y le envié un mensaje de texto. A las pocas horas respondió con calidez, y empezamos a hablar de mi caso. Le expliqué lo que esperaba lograr con la hipnosis—en concreto, si podría desbloquear recuerdos adicionales más allá de lo que recordaba de forma consciente. Tras una conversación atenta, Barbara aceptó atenderme como paciente y programamos la sesión para el 20 de enero de 2024.

El día antes de la sesión volé a San Diego desde el aeropuerto O'Hare de Chicago, donde me recogió mi hermano Norman, que condujo desde Los Ángeles para verme. Hicimos el check-in en un hotel para mi única noche allí, y esa tarde pasé cuatro horas relatándole mis encuentros con detalle. Agradecí su paciencia y su mente abierta—no es fácil encontrar oídos receptivos cuando uno habla de algo tan fuera del marco de referencia de la gente promedio. Pero Norman siempre había tenido interés en los ovnis y el programa espacial, y quizá por eso siguió una carrera en aeroespacial como mecánico de célula y planta motriz en United Airlines.

A la mañana siguiente, tras desayunar, nos dirigimos al despacho en casa de Barbara Lamb, donde realiza sus sesiones. Mi cita era a las 11:00 a. m., y llegamos quince minutos antes. Tras un saludo cálido y una breve charla, mi hermano se despidió para que Barbara y yo pudiéramos comenzar.

Me recosté en un sofá cómodo en una habitación de luz suave, el aire tenuemente perfumado con salvia o lavanda—algo relajante. Barbara se sentó cerca, con una voz suave y precisa, guiándome por una secuencia de relajación progresiva. Hablaba despacio, con cuidado, ayudándome a soltar la tensión en las piernas, luego en los brazos, y por último en el pecho y la mandíbula. Con cada minuto me sentía más inmóvil físicamente, como si me hundiera en la tela misma del sofá.

Pero dentro de mi mente permanecía una especie de vigilancia silenciosa.

Su voz me invitaba a retroceder en el tiempo—recordar encuentros específicos, notar con suavidad si afloraba algún detalle que antes no hubiera recordado. Intenté rendirme al flujo de la memoria, dejar que las impresiones surgieran. Seguí su guía con confianza, dispuesto a ir adonde me llevara la sesión. Pero incluso al entrar en un estado calmado y sugestionable, me di cuenta de algo que no esperaba: una suerte de tozudez mental, como si dentro de mí hubiera aparecido un guardián. No estaba luchando contra Barbara. No resistía su voz. Pero algo dentro de mí no cedía.

Hubo momentos en que sentí el borde de algo—un destello de color, un susurro de movimiento, como un sueño a medio formar—pero cada vez que intentaba alcanzarlo, se disolvía. Mi respiración era lenta, mis músculos quietos, pero mi mundo interior se sentía... aislado. Como una habitación sin ventanas.

Recuerdo haber dicho en voz alta: "Siento que estoy de pie frente a una puerta, pero no puedo abrirla." Ella me preguntó cómo era la puerta, pero yo no veía ninguna. Solo la presentía. No de forma visual, ni siquiera emocional—sino arquitectónica, como si la arquitectura de mi mente hubiera diseñado ese elemento: una estancia sellada sin picaporte.

Barbara me tranquilizó diciendo que estaba bien. Que lo estaba haciendo bien. Y le creí. Aun así, no pude evitar sentir que bajo la superficie se formaba una ola silenciosa de decepción. Había llegado hasta allí—física, emocional y también económicamente—para intentar destrabar algo que sospechaba desde hacía décadas que estaba apenas fuera de mi alcance. Y ahora, allí estaba yo, tumbado en una habitación pacífica con una guía de confianza, incapaz de encontrar el paso.

Esa decepción se ablandó en reflexión mientras me quedé en

silencio tras la sesión, procesando lo ocurrido. No había descubierto memorias nuevas, pero sí algo importante: que mi subconsciente quizá no estuviera reacio—sino simplemente no listo. Y si era así, la pregunta pasaba a ser: ¿por qué?

¿Era esa resistencia algo que yo mismo había construido? ¿O fue puesta allí a propósito—por los Grises, o por algún mecanismo más profundo de protección psicológica?

No sería hasta mucho después—más de un año más tarde—cuando empecé a comprender mejor la forma de esa pregunta. En abril de 2025, durante una segunda sesión de hipnosis con otro profesional, descubrí que cargaba con algo que no esperaba: miedo. Un miedo agudo, instintivo, ligado a la posibilidad de recuperar recuerdos del periodo de mi infancia cuando las esferas empezaron a aparecer. La revelación me sorprendió. No me había sentido asustado por esas experiencias tempranas en mucho tiempo—al menos no conscientemente. Pero ahí estaba, al acecho bajo la superficie: no solo silencio, sino evitación. Mi propio subconsciente no quería mirar.

Y quizá por eso la habitación no se abría. No porque estuviera vacía, sino porque algo en mí todavía temía lo que pudiera haber dentro. Puede que las memorias existan. Que las impresiones sigan ahí. Pero la memoria es una calle de doble sentido. Si la mente resiste el acceso—aunque sea de forma sutil—entonces recuperar se convierte en un acto de valentía, no solo en un procedimiento.

Había esperado que la hipnosis me concediera acceso a algo oculto—una habitación de mi mente a la que nunca he podido entrar. Pero siguió cerrada. Ya sea por diseño propio o ajeno, todavía no lo sé. Solo sé que llamé, y la puerta no se abrió.

Eso no significa que nunca lo haga.

Salí de la sesión decepcionado, pero no desanimado. La hipnosis no funciona igual para todo el mundo, y no tenía motivo para dudar de la pericia o la experiencia de Barbara. Si acaso, mi dificultad para acceder a memorias más profundas hablaba más de mí que del proceso en sí. Algunas personas son simplemente menos hipnotizables que otras, y a menudo he notado que mi mente resiste la influencia externa. Quizá soy demasiado analítico—o quizá me he entrenado, consciente o inconscientemente, para mantener el control. Pero tras lo que descubrí después, empecé a preguntarme si no eran la lógica o la fuerza de voluntad las que se interponían, sino el miedo. Miedo a lo que podría surgir si me soltara por completo.

Fuera cual fuera la razón, no iba a rendirme. Si no podía recuperar esos recuerdos con un método de hipnosis, tendría que encontrar otra vía.

Desde entonces he comprendido que mi experiencia no es inusual. Otros que han recorrido este camino antes que yo—personas con sus propias historias de contacto—han descrito retos similares al intentar recuperar memorias enterradas mediante hipnosis. Whitley Strieber, en *Communion*, escribió con franqueza sobre la incertidumbre que la hipnosis trajo a su vida. Aunque le ayudó a recordar más de lo que sabía conscientemente, también lo dejó intranquilo. A menudo se preguntaba si las imágenes recuperadas eran memorias auténticas o un relato inducido hipnóticamente—y admitía que, incluso después de las sesiones, seguía sin estar seguro de qué era real. El proceso no le dio claridad: profundizó el misterio.

Budd Hopkins, cuyo trabajo pionero *Missing Time* ayudó a moldear la comprensión pública del fenómeno de las abducciones, también reconocía los límites de la hipnosis. Aunque creía firmemente en su valor, documentó muchos casos en los que los sujetos se topaban con resistencia emocional—lo que a veces llamaba "chocar con un muro". Algunas personas simplemente no podían ir más hondo. Otras comenzaban a recuperar recuerdos, solo para verse sobrepasadas por la ansiedad o la confusión antes de que emergiera algo concreto. En su opinión, no siempre se trataba de voluntad. A veces, la mente cerraba la puerta por sí sola.

David Jacobs, en *The Threat*, fue más allá. Sostenía que los Grises mismos intervenían para impedir el recuerdo pleno. Según Jacobs, los abducidos suelen cargar con "recuerdos pantalla"—superposiciones falsas diseñadas para enmascarar la verdadera naturaleza de lo ocurrido. Y aun bajo hipnosis, esos recuerdos pantalla pueden persistir. Argumentaba que los visitantes son capaces de una manipulación mental tan avanzada que métodos tradicionales como la regresión podrían apenas rascar la superficie. Para algunos experienciadores, la hipnosis no destapaba la verdad. Solo revelaba las capas de interferencia que la mantenían fuera de alcance.

Escuchar esto de gente que ha estudiado o sufrido fenómenos similares trae un extraño tipo de alivio. No estoy solo en mi resistencia. Mi barrera subconsciente no es necesariamente un fracaso del método—ni de mi disposición. Puede ser simplemente evidencia de lo profundo que llega el condicionamiento. Ya sea instalado por los Grises o desarrollado a lo largo de años de blindaje interno, el resultado es el mismo: una mente que no se rinde con facilidad, ni siquiera cuando se lo piden.

Y así me recuerdo, una vez más, que la habitación quizá siga ahí. Que las memorias quizá sigan esperando. Pero puede que haga falta algo más que hipnosis para encontrar la llave.

A veces pienso que esa habitación en mi mente—esa a la que no pude entrar—nunca estuvo destinada a ser forzada. Que no es una bóveda con llave, sino más bien una semilla bajo la tierra, esperando las condiciones adecuadas para despertar. Tal vez la memoria no sea algo que se arranca, sino algo que elige florecer cuando está lista.

Y quizá eso es lo que los Grises comprenden de nosotros. Tal vez por eso su influencia se siente tan quirúrgica. No porque sean crueles —sino porque saben cuánto nos aferramos al dolor. Cuánto escondemos incluso de nosotros mismos. Si han levantado muros dentro de nosotros, lo han hecho con conocimiento preciso de dónde se fractura la mente. Pero si ese muro lo levanté yo—si el miedo que cargo fue autoimpuesto—entonces la única forma de atravesarlo es caminar hacia él con gentileza.

Por ahora, acepto que no tengo acceso a todo. Y está bien. La sanación no llega de golpe, y la verdad rara vez acude por mandato. Pero he iniciado el camino. He llamado a la puerta. Me he sentado con el silencio. Y quizá, con el tiempo, oiga algo moverse detrás de ella.

Si ese momento llega, estaré listo. O quizá, más honestamente, estaré tan listo como se me permita estar. Porque la disposición puede que no me corresponda definirla por completo. Puedo llamar.

Puedo pedir. Puedo preparar el cuerpo, calmar la mente, abrir el corazón. Pero si los Grises aún poseen la cerradura... si parte de mi memoria les pertenece... entonces lo único que puedo hacer es esperar a que la próxima vez dejen algo atrás. Un sabor. Un sonido. Un hilo. Algo que seguir. Hasta entonces, mantendré la puerta a la vista—y la luz encendida.

12

UN SABOR QUE QUEDÓ

Después de reunirme con Barbara Lamb, regresé a la vida cotidiana y a las preocupaciones de rutina. Ir a trabajar entre semana, o visitar a mi hija o a mis padres los fines de semana. Para el mes de marzo, me estaba preparando para hacer algunas reformas en casa: pintar la sala, el comedor, el pasillo y la habitación vacía de mi hija. Tenía muchas ganas de embellecer la casa y esperaba que mi hija notara cómo arreglé su dormitorio y le puse una cama queen nueva con un cabecero acolchado de cuero. Antes de que se mudara a su hogar grupal, a menudo la encontraba en mi habitación, sentada en mi cama y recostada contra el cabecero acolchado mientras escuchaba música en su iPad—su actividad favorita. Ahora, cuando viniera a casa para alguna pijamada ocasional de fin de semana, podría disfrutar de su propia cama—tan bonita como la de papá. La idea de ver la emoción en sus gestos me motivaba a cumplir este proyecto con rapidez.

Un viernes por la noche de mediados de marzo de 2024, la víspera de empezar a pintar, decidí ver una película para relajarme y me preparé un cóctel Old Fashioned con bourbon—mi nueva bebida favorita. Durante los 18 meses previos, había disfrutado un Old Fashioned algún fin de semana, a veces dos o tres veces en un mes.

Aquella noche hacía dos semanas desde mi último trago nocturno. Pero esa noche quise darme un gusto. Preparé un Old Fashioned ahumado con virutas de roble... y adorné mi elixir con una fina tira de cáscara de naranja y unas cerezas en brandy, especiadas con canela y anís. Mientras veía una película alquilada en la sala, me sentía tranquilo y contento. Y, tras terminar mi trago, me hice un segundo. Para cuando acabó la película, mi segundo Old Fashioned había desaparecido por completo y yo estaba listo para dormir, somnoliento y levemente ebrio. No tenía ninguna preocupación, salvo la expectativa de pintar al día siguiente.

Me dormí profundamente alrededor de las 11:00 p. m. No recuerdo haber soñado durante ese periodo, pero sí recuerdo haber despertado. En una habitación extraña.

No sé qué hora era, pero desperté en una posición reclinada, sentado. Como si me hubieran colocado en una silla con el respaldo inclinado unos 25 o 30 grados. Esta vez, la habitación en la que estaba no era gris plomiza como en encuentros anteriores... las paredes eran blancas. Y la habitación estaba intensamente iluminada, algo poco característico de tantas salas en penumbra en las que había despertado antes.

A mi alrededor había tres Grises altos. No podía verles los pies, pues percibía que mi asiento estaba elevado unos cuantos pies sobre una plataforma. Los veía de la cintura hacia arriba. Me costaba mucho dar sentido a lo que me rodeaba y a la situación, porque todavía estaba algo ebrio. Así que, mientras luchaba contra su habitual ensimismamiento hipnótico, también sentía los efectos del bourbon.

Estaban molestos conmigo. Eso podía sentirlo. La mayoría de sus palabras se me enredaban en la mente. Esta vez no alcanzaba a entender su comunicación. ¿Fue el alcohol? ¿Estaba afectando la telepatía? Justo cuando pensé que no estaba en las mejores condiciones para interactuar con ellos, por fin percibí algo de inglés inteligible: "No deberías beber alcohol."

Como ya había sido grosero y me había mostrado irritado con ellos en encuentros previos, su sugerencia y su visible desaprobación detonaron mi mal humor. Verdaderamente detestaba que me sacaran de mi casa, me controlaran y me dejaran sin capacidad de resistirme o siquiera comunicarme en mis propios términos. ¡Esta gente! Nunca me respetaba. Aunque no tuve esos pensamientos específicos en ese instante, ese era el motor de mi desdén. Ese era mi estado mental.

"¡Oigan, váyanse al carajo!", dije en voz alta. "¡No he bebido desde hace dos jueves!" En ese momento, los dos Grises frente a mí giraron las cabezas para intercambiar miradas de desaprobación, como si supieran más que yo. Y el de la derecha asintió al otro. ¿Qué significaba eso?

Perdí la consciencia tras mi respuesta cortante; estoy seguro de que no quisieron seguir conversando. Desperté más tarde esa mañana, poco después de las 5:00 a. m. Al incorporarme en la cama, rebusqué en mi memoria—desesperado—intentando dar sentido a lo ocurrido. ¿Por qué me llevaron esta vez? ¿Recolección de semen? ¿Médula ósea? ¿Un chequeo de salud? No tenía ni idea. Lo único que recordaba era que estaban molestos porque había consumido alcohol. "¿Y qué?", pensé. No bebo lo suficiente como para que me consideren adicto. No frecuento bares. Y un bourbon ocasional no va a dañar mi salud, ¿o sí?

Decidí soltar el tema y no amargarme. Era sábado y tenía que ir a Home Depot lo más temprano posible para conseguir algunos suministros adicionales para la jornada de pintura. Quería comprar lonas de tela extra, más repuestos de rodillo y una cinta de enmascarar azul de tres pulgadas.

Durante los dos fines de semana siguientes logré terminar todas las habitaciones que pensaba pintar. Había bloqueado mi calendario de AirBnB por dos semanas para poder trabajar sin incomodar a mis huéspedes, ni a mí mismo. Incluso pinté algunos días entre semana después del trabajo. El día que terminé, se me ocurrió premiarme con otro Old Fashioned. No había tomado uno desde algunos viernes atrás y sería un respiro bienvenido tras el esfuerzo final. Después de limpiar y ordenar todas las áreas de trabajo de la casa, guardé las herramientas y la pintura sobrante—todo a los estantes del garaje. Estaba listo para relajarme.

Angustia en las Sombras:

Puse mis implementos de coctelería sobre la isla de la cocina: serví dos y media onzas de bourbon, dos golpes de bitter, añadí jarabe simple y corté mi tira de cáscara de naranja—que pinché junto con unas cerezas en brandy. Cubrí el bourbon con mi ahumador, encendí las virutas de roble con el soplete de butano y miré con anticipación cómo el humo descendía al vaso, impregnando su maravilloso aroma en el bourbon. Coroné esta divina ambrosía con hielo. ¡Iba a disfrutarlo!

O eso creía.

Me retiré a la sala, me recosté en el sillón reclinable, Old Fashioned en mano, y me dispuse a otra película alquilada. Sin embargo, esta vez algo "no cuadraba". El Old Fashioned sabía normal. Era consistente con cualquiera que hubiera preparado, o con los que disfrutaba en mis restaurantes favoritos. Pero esta vez, me sabía raro. Simplemente no me gustó. Tras varios sorbos, había algo repugnante en él. Por razones que no podía explicar, lo detesté.

Dejé el vaso, mirando el líquido como si me hubiera traicionado. No era el bourbon en sí—era yo. El sabor no había cambiado, pero algo dentro de mí sí. ¿Me habrían hecho algo? Repasé posibilidades. Conozco mi cuerpo y mis hábitos. No soy un bebedor empedernido. Nunca he tenido problemas con el alcohol ni motivo alguno para dejarlo. Y, sin embargo, ahí estaba yo, rechazando visceralmente una bebida que antes saboreaba. No era cuestión de preferencia: era una repulsión física.

No podía quitarme de la cabeza: ¿habían los Grises alterado algo en mí? Tal vez no era solo su desaprobación—quizá actuaron al respecto. ¿Me implantaron una sugestión, una aversión poshipnótica al alcohol? ¿O de algún modo cambiaron mi fisiología, accionando un interruptor neurológico para que el simple hecho de beber ahora me repugnara?

¿O era más simple?

¿Estaba recordando lo que se siente estar bajo su escrutinio? ¿Sentir su decepción irradiando a través de mí, su orden silenciosa hundiéndose en mi subconsciente? Tal vez la idea de beber se enredó con mi resentimiento hacia ellos. Una violación de mi autonomía, otra cosa más que me quitaron sin mi consentimiento. Y, sin embargo, lo más extraño es que no me molestó.

Fuera cual fuera la causa—condicionamiento psicológico, una alteración biológica o algo aún más raro—no tenía deseo de luchar contra ello. No se sentía como una pérdida. Simplemente... dejó de gustarme beber. La atracción desapareció, como si nunca me hubiera pertenecido.

El Old Fashioned quedó intacto el resto de la noche, y al día siguiente lo vertí por el desagüe. Fue la última vez que preparé uno.

Sea lo que sea que ocurrió en aquella habitación luminosa y estéril... se quedó conmigo.

EL PROGRAMA QUE SE QUEDA

En los días posteriores a mi último encuentro recordado, no dejaba de pensar en lo que había cambiado. No solo que ya no quería un Old Fashioned, sino que algo en mí no lo quería. No era fuerza de voluntad. No fue una decisión. Era reflejo, como si hubieran accionado un interruptor.

Ya había oído hablar de recuerdos pantalla y de evocaciones bloqueadas. Pero esto se sentía distinto. No trataba de olvidar. Se trataba de modificar la conducta—como algún tipo de sugestión poshipnótica incrustada en mi mente durante el encuentro, que ahora se revelaba en mi vida diaria.

Empecé a profundizar en el trabajo de otros que habían estudiado el fenómeno—investigadores como Derrel Sims y Barbara Lamb—personas que trabajaron directamente con abducidos durante muchos años. Lo que encontré me sobresaltó.

Derrel Sims, conocido por su enfoque en evidencias físicas e implantes, también documentó cambios conductuales en sus casos—modificaciones súbitas de preferencias, fobias inexplicables y correcciones abruptas de estilo de vida que reflejaban lo mío. Uno de sus clientes, escribió, dejó el alcohol de golpe—simplemente dejó de beber, de la noche a la mañana—sin lucha previa ni intención de dejarlo. El hombre perdió todo interés. En otros casos, Sims describió personas que desarrollaron aversiones a sonidos, alimentos o incluso colores después de encuentros—nada que pudieran explicar. Sims especulaba que algunas de estas respuestas podían inducirse neurológicamente, otras psicológicamente—pero todas tenían la impronta de una programación conductual profunda.

Barbara Lamb, en su amplio trabajo de regresión con abducidos, reflejó patrones similares. Informó de múltiples clientes que experimentaron cambios bruscos y drásticos en dieta, estilo de vida o hábitos emocionales tras encuentros. Algunos se volvieron más espirituales. Otros se sintieron inexplicablemente atraídos hacia ciertos lugares o actividades. Unos pocos incluso perdieron interés en pasatiempos o costumbres de años, sin conectar jamás eso con el encuentro—hasta que la regresión puso el vínculo en evidencia. Lamb creía que, en algunos casos, los visitantes habían instalado sugestiones poshipnóticas—órdenes o condiciones que se activarían después, guiando en silencio las decisiones del abducido sin conciencia de ello.

Y están los muchos casos sin nombre—los catalogados por Budd Hopkins, David Jacobs y Whitley Strieber—donde los abducidos no solo perdieron recuerdos de los hechos, sino que también se descubrieron comportándose de forma distinta tras ellos. Cambios silenciosos, casi imperceptibles, que a menudo no se registraban como significativos hasta mucho más tarde.

Viendo todo esto, no puedo evitar preguntarme: ¿mi aversión al alcohol era realmente mía? ¿O fue un "regalo"—o más bien, una instalación—de ellos?

Si los Grises pueden borrar recuerdos, inducir parálisis y comunicarse telepáticamente, ¿es tan descabellado pensar que pueden reconfigurar preferencias, eliminar apetencias o plantar aversiones?

Y, más importante aún—¿qué más han cambiado en mí que aún no he notado?

Estos patrones no son aislados. En la literatura más amplia sobre abducciones, otros investigadores han rozado la posibilidad de la influencia poshipnótica—no solo en cómo recordamos, sino en cómo nos comportamos.

Budd Hopkins, en *Missing Time* y *Witnessed*, señaló cambios psicológicos sutiles en sus sujetos—modificaciones inexplicables en su talante emocional, en sus hábitos diarios y, a veces, en sus relaciones sociales. Varios abducidos se apartaron de amistades o cambiaron de rumbo profesional poco después de encuentros importantes. Otros desarrollaron impulsos repentinos de alterar su dieta o eliminar ciertos disparadores ambientales de sus casas. Aunque Hopkins se centró principalmente en la recuperación de la memoria y la evidencia física, reconocía esa deriva conductual inconsciente que a menudo seguía al contacto cercano.

David Jacobs, quien pasó décadas haciendo regresiones hipnóticas, fue más lejos. Sugirió que los abducidos a menudo eran condicionados—no solo para olvidar, sino para acatar. En *The Threat* y *Walking Among Us*, Jacobs describió una tendencia creciente entre abducidos a sentirse resignados, como si una parte de ellos hubiera sido doblegada. Su trabajo con los llamados "hubrids"—seres híbridos colocados en la sociedad humana—planteaba otra posibilidad inquietante: que a los abducidos se les programara para ayudar o permanecer pasivos frente a una agenda de integración en marcha. Si fuera cierto, entonces los cambios conductuales repentinos—como alteraciones en la intimidad, la crianza o el estilo de vida—podrían no ser efectos colaterales. Podrían ser la meta.

Y luego está Whitley Strieber, que nunca rehuyó la complejidad emocional y existencial de sus propios encuentros. En *Transformation*, detalló una época en la que se sintió consumido por la culpa, el retraimiento emocional y una necesidad espiritual—nada de ello alineado con su yo habitual. Se preguntó si sus visitantes habían reconfigurado su mundo interior, no solo sus recuerdos. En entrevistas y escritos posteriores, especuló que a ciertos abducidos se les estaba alterando desde dentro, sus mentes sintonizadas en silencio a nuevas frecuencias de conducta o percepción, a menudo sin que lo supieran.

No son revelaciones pulcras y cinematográficas. Son fugas lentas —desplazamientos en el pensamiento y el instinto que no se anuncian con luces parpadeantes ni música inquietante. Se cuelan bajo la superficie, inadvertidos hasta que un día algo simple—una bebida que solías disfrutar, un deseo que ya no sientes, un reflejo que ya no cuestionas—se cae. Y cuando buscas la razón, te das cuenta... esa elección no la hiciste tú. La hicieron por ti.

Ese es el sabor del control. Y perdura.

13

LA MENTE TRANSPARENTE

En el capítulo 12, "Un sabor que quedó", hablé de cómo los encuentros con los Grises pueden dejar impresiones duraderas en la psique, entre ellas la modificación de la conducta impuesta mediante sugestión poshipnótica o mecanismos similares. Al mirar atrás en mi vida y examinar quién he sido y en qué me he convertido, empecé a reflexionar sobre cuánto de mi persona pudo haber sido influido por mis interacciones con ellos.

Si bien solo puedo señalar con confianza tres periodos grandes de mi vida en los que sospecho contacto prolongado—principios de los años setenta, principios y mediados de los noventa, y principios y mediados de la década de 2020—parece evidente que esos intervalos fueron más que suficientes para provocar cambios reales. En particular, sospecho que en mi infancia—cuando se forman las impresiones más profundas—pudieron moldearme de manera sutil pero decisiva.

Durante mi racha más reciente de encuentros, se me hizo dolorosamente obvio que los Grises pueden apoderarse no solo del cuerpo —una forma de control poderosa y manifiesta—sino también de la mente. Cuando me comuniqué con ellos a través del letrero sobre mi cama, alertándolos de que era consciente de su presencia, investigaron de inmediato cómo lo sabía. Cuando desperté y encontré a

Syczylick suspendido sobre mí, y juntamos nuestras frentes, mi mente se convirtió en un libro abierto a su escrutinio. En encuentros posteriores, al despertar, mi mente quedaba propensa a la sugestión respecto de lo que veía; recuerdos pantalla se imprimían sobre la experiencia con la intención de que yo recordara mal los encuentros y los desestimara, confundiéndolos con sueños.

Estas experiencias me impresionan en la medida en que comprendo que ningún rincón en sombras de mi mente les permanece oculto si necesitan saber algo de mí que sirva a su agenda. En pocas palabras, nunca ha habido incentivo ni oportunidad de ocultar nada en su presencia. Aunque no recuerdo haber visto a los Grises siendo un niño muy pequeño, eso no significa que no posea recuerdos reprimidos. Y durante esos cuatro años, de 1970 a 1974, ¿pudieron sus incursiones en mi mente—con el supuesto fin de amortiguar mi trauma—haber afectado mi personalidad, incluso de forma sutil?

Durante mi infancia, tenía fama de ser abierto entre mi familia y mis pares. Lo compartía todo. A veces hasta el punto de la sobreexposición, cuando era completamente innecesario. Esto creó una dinámica social en la que mi falta de misterio se volvió motivo de desinterés. Fue una fuente constante de aislamiento. Aunque tenía muchos amigos, quienes estaban más cerca de mí debían ejercitar la paciencia, sabiendo que ese rasgo era algo que no podía evitar. Y en mi mente, cuando conectaba con alguien, surgía una necesidad de eficiencia: una tendencia a soltar grandes "volcados" de información, como si estuviera poniendo al corriente a la persona de un tema o proyecto. Lo hacía a menudo de joven. Si bien en gran medida he superado esa inclinación y ahora soy más paciente al socializar, llamaría a esa evolución una conducta aprendida. Mi cerebro sigue prefiriendo los "volcados" al comunicar lo que sabe. ¿Por qué?

Como padre dentro del universo del autismo, he aprendido que muchos padres de niños autistas podrían ubicarse levemente dentro del espectro—algunos incluso reciben un diagnóstico de "síndrome de Asperger", generalmente tras una evaluación motivada por la necesidad de un tratamiento posterior, a menudo farmacológico. En mi caso, nunca fue necesaria evaluación, diagnóstico ni tratamiento. He vivido una vida perfectamente funcional, aunque no del todo "normal". Aun así, entiendo que los rasgos de mi juventud podrían encajar en la categoría de Asperger. Entonces, ¿por qué traerlo a colación? ¿No bastaría con atribuir esos rasgos a ese síndrome?

En ausencia de otro contexto, estaría inclinado a asentir. Pero en mi vida hay otro contexto: una presencia y una influencia con una capacidad profunda para manipular memoria y conductas. Una fuerza que se relacionó y comunicó conmigo de forma similar: descargas de información inmediatas, impresas, como si una computadora transfiriera archivos a otra.

Y quizá ahí esté la conexión. Tal vez, con el tiempo, interioricé ese modelo de comunicación. Cuando me importaba alguien, o sentía que surgía un vínculo, quería "descargar" todo lo relevante de una vez. No era performativo ni buscaba validación. Me resultaba eficiente. Como si necesitara orientar a la otra persona antes de continuar. Como si retener o espaciar la información fuera de algún modo deshonesto.

Esto reflejaba cómo los Grises se comunicaban conmigo: no mediante palabras, ni siquiera solo con imágenes, sino con transmisiones totales—intención, memoria, contexto emocional, todo a la vez, a veces sin aviso. Esa exposición es difícil de describir. No es como conversar; es más bien como si una parte de ti fuese excavada, inspeccionada y devuelta en forma alterada.

Me pregunto entonces: si mi apertura conductual no es simplemente un rasgo o una rareza social, ¿podría ser residuo? ¿Un reflejo de la manera en que interactuaron conmigo repetidamente a lo largo de mi vida? Quizá una adaptación psicológica a invasiones psíquicas repetidas, donde mi mente fue puesta al desnudo una y otra vez hasta que la idea misma de privacidad empezó a erosionarse.

Eso explicaría por qué, durante la mayor parte de mi vida, no sentí incentivo para reservarme cosas. Mis hermanos podían guardar secretos; yo luchaba por hacerlo. Ellos sabían compartimentar; yo prefería soltarlo todo de una vez. Tal vez no estaba siendo "abierto"

Angustia en las Sombras:

simplemente. Tal vez trataba de anticiparme a lo inevitable. De adelantarme. De confesar antes de ser expuesto.

A menudo he pensado en Whitley Strieber en este contexto. En *Communion*, escribe no solo sobre el trauma de sus experiencias, sino sobre la inquietante comprensión de que su mundo interior no era privado. Habla de ser observado—no solo físicamente, sino psíquicamente—y de la compulsión de compartir, confesar, desnudarse frente a una fuerza que ya lo sabía todo. En una obra posterior, se preguntó si los visitantes habían "infectado" su mente con la necesidad de hablar, como si hubieran implantado no solo recuerdos, sino un mandato.

Jim Sparks también describió algo escalofriantemente similar en *The Keepers: An Alien Message for the Human Race*. Tras años de interacción intensa y consciente con seres no humanos, Sparks desarrolló la sensación de ser utilizado—no solo físicamente, sino como un conducto. Escribió sobre "descargas" directas de información y sobre ser encargado de transmitir mensajes, a menudo contra su voluntad. Su transparencia emocional se volvió cruda, incluso sin filtros, como si los límites entre vida interior y exterior se hubieran disuelto. No es que quisiera hablar: era como si tuviera que hacerlo, como si estuviera radiando en vez de conversando.

Lo que comparto con estos hombres no es solo la experiencia: es la resaca. La onda psíquica. La huella conductual que dejan quienes nunca piden, pero siempre toman.

Supongo que por eso escribir un libro de memorias como este se siente menos como una decisión y más como una compulsión. Es como si estuviera terminando una conversación que empezó hace mucho—una en la que mis respuestas nunca fueron solicitadas, solo extraídas. Pero ahora, por una vez, yo elijo las palabras. Soy yo quien abre las páginas en mis propios términos.

Betty Andreasson, cuyas experiencias profundamente espirituales se recogen en *The Andreasson Affair* de Raymond E. Fowler, también ilustra este fenómeno. Sus encuentros con los seres—descritos como robóticos y angelicales a la vez—implicaban comunicación telepática directa. Pero más allá de eso, parecía abrazar una vulnerabilidad radical tras sus experiencias. En entrevistas y transcripciones, Andreasson habla sin vacilación ni reservas, compartiendo visiones personales y simbólicas e intuiciones metafísicas que la mayoría guardaría con celo. Hay una pureza en su transparencia, como si la exposición repetida ante esos seres hubiera despojado cualquier instinto de ocultar. Lo notable no era solo su creencia en lo vivido, sino su disposición absoluta a compartirlo—todo—con desconocidos, investigadores y público. No parecía avergonzada por lo extraño espiritual ni por lo profundamente personal de sus revelaciones. De hecho, parecía incapaz—o quizá poco dispuesta—a separar ya su mundo interior del exterior.

Eso me resulta inquietantemente familiar.

Vivir sin privacidad mental no solo trata de lo que te quitan, sino de lo que te reconfiguran por dentro. No recuerdo haber decidido conscientemente ser abierto con la gente. Simplemente lo era. Como si mi mundo interior, ya vulnerado por algo que nunca supe nombrar del todo, hubiera aprendido que los secretos son una ilusión. Y, una vez rota la ilusión, jamás se recompuso.

No es que careciera de límites, o que no los deseara. Es que, en algún punto, la parte de mí que habría protegido naturalmente su vida interior... se rindió. Ya fuera como mecanismo de defensa o como adaptación inconsciente a las frecuentes invasiones de mente y memoria, me volví alguien que se anticipa y se expone. Ofrezco el contenido de mi mente casi automáticamente, como diciendo: "Toma, llévatelo antes de que otro lo haga".

Y aunque con la edad me he vuelto más reservado, el reflejo permanece.

A menudo me pregunto qué clase de persona habría sido de no haberme rozado tales fuerzas. ¿Habría sido más cauto? ¿Habría aprendido a cultivar el misterio, a mantener una parte de mí a salvo de los demás? ¿O esta transparencia siempre estuvo en mí y los encuentros solo la amplificaron, la usaron... o quizá hasta la secuestraron?

Pero ahora, al escribir estas páginas, algo ha cambiado. Por primera vez en mi vida, no comparto por reflejo: lo hago con intención. Soy yo quien arma la narrativa. Yo elijo qué pensamientos mostrar y cuáles convertir en oración. Hay un empoderamiento extraño en eso. Siento levantarse el viejo instinto—contarlo todo, de golpe—pero ahora yo decido qué se queda y qué se dice. No porque tenga algo que esconder, sino porque por fin tengo algo que autorar.

Esta memoria, entonces, no es solo el acto de contar mi historia. Es un acto de recuperación. Una rebelión silenciosa contra años de transparencia psicológica a la que nunca consentí. Por una vez, hablo en mis propios términos. Y si decido abrir la puerta de par en par, será porque yo tengo la llave.

De todas las áreas de mi vida en las que este patrón de apertura radical se ha manifestado, ninguna ha sido más afectada que mi vida amorosa. En la amistad, ese rasgo podía suavizarse con el tiempo: la gente me conocía poco a poco, a través de experiencias compartidas. Con semanas o años, entendían que mi apertura no era performativa y, ciertamente, no manipuladora. Nacía de la calidez, la sinceridad y el deseo de conectar. Quienes se quedaban veían la generosidad recíproca que venía con ello—tanto material como espiritual.

¿Pero las citas? Distinto asunto.

Las primeras impresiones pesan de manera desproporcionada en lo romántico, y mi hábito de sobrecompartir—sobre todo en mis veintes, finales de los treintas y bien entrados los cuarentas—solía encender alarmas. No era solo que hablara demasiado; era *de qué* hablaba. Experiencias personales profundas, impresiones emocionales, preguntas metafísicas o ideas propias de una fase mucho más íntima de conexión... a veces soltaba todo eso temprano, casi sin darme cuenta. Para mí se sentía natural. Honesto. Incluso eficiente. Pero para quien estaba enfrente en una primera cita, podía resultar abrumador. O peor: raro.

Hubo veces en que sentí la retirada en tiempo real. El sutil cambio de postura, el recalibrar cuidadoso del tono, el intento cortés de llevar la conversación de vuelta a la normalidad superficial. Y, aunque a veces me daba cuenta y trataba de aflojar, el momento ya había hecho daño. El misterio se había ido. Y con él, a veces, el interés.

A toro pasado, no puedo culparlas. Respondían a una presentación del yo que parecía... desprotegida de un modo para el que la mayoría no está preparada. En un mundo donde la confianza se gana de manera incremental, yo trataba de entregar el paquete entero en una sentada. No por desesperación, sino porque así funcionaba mi mundo interior. Así había aprendido a entender la conexión.

No fue sino hasta mucho después—ya bien entrados mis cuarenta—cuando aprendí a templar ese instinto. A dejar que la gente llegue a su ritmo, en lugar de correr a esperarla en la meta. Esa contención no es instintiva; es aprendida. Y, si soy honesto, aún se siente antinatural a veces. Como contener una ola que quiere romper. Pero he visto su valor. Algunas conexiones son más fuertes cuando se construyen despacio. Cuando la revelación se vuelve un regalo, no un aluvión.

Aun así, me pregunto cuántos de esos momentos iniciales estuvieron moldeados no solo por mi personalidad, sino por la impronta de algo más hondo. Si mi tendencia a "ponerlo todo sobre la mesa" provenía de la parte de mí que hace tiempo dejó de defenderse—cuya mente fue volteada del revés por algo que nunca pidió permiso—entonces quizá aquellos tropiezos sociales no eran solo torpeza. Tal vez eran ecos.

Hay una especie de duelo en descubrir que nunca tuviste una vida interior verdaderamente privada—no porque eligieras compartirla, sino porque fue accesada antes de que tuvieras palabras para defenderla. Cuando pienso en la privacidad mental, no pienso en secretos. Pienso en quietud. En el derecho a cargar con un pensamiento, una pregunta o un dolor sin tener que entregarlo. Y pienso en lo raro que ha sido eso para mí. En lo fácilmente que mi vida interior parece haberse dejado leer, ya sea por los seres con los que me encontré o por el reflejo aprendido que me dice que lo ofrezca todo antes de que alguien lo busque.

Incluso ahora, al escribir este capítulo, siento el tirón familiar—no solo de ser honesto, sino de ser totalmente honesto. Despegar cada capa. Es una especie de compulsión, sí, pero también una extraña forma de penitencia. Si fui invadido, si me leyeron sin consentimiento, quizá la única manera de recuperar agencia sea adelantarse y decir: *Aquí está. Te lo mostraré.* Pero esta vez será mi elección. Tal vez eso sea, en verdad, este libro. Una recuperación de límites, aunque parezca que los borro. Una paradoja con la que he aprendido a vivir.

Porque, a decir verdad, no creo que jamás llegue a ser alguien que se guarda todo. El cableado es demasiado antiguo, demasiado incrustado. Pero he aprendido a distinguir entre ser transparente por hábito... y ser transparente por valor. Uno está condicionado. El otro se elige. Y quizá haya algo discretamente poderoso en adueñarse de una mente que ha sido desnudada y aun así insistir en la autoría. En seguir dando forma a la historia.

En una vida tocada por fuerzas que nunca pidieron permiso, al fin he aprendido a decir: *Esto es mío.* Y si lo comparto contigo, será porque yo lo he decidido. No porque me hayan obligado. Esa, para mí, es la verdadera definición de sanación. No olvidar. Ni siquiera blindar. Sino elegir la forma de tu propia exposición.

En los últimos años, he empezado a contar mi historia no solo con palabras, sino con imágenes. Recrear momentos clave mediante ilustraciones 3D se ha convertido en otra vía para el mismo impulso que ha modelado buena parte de mi vida: el deseo de comunicarlo todo de una vez. En cierto modo, cada ilustración funciona como un "volcado" visual—una transferencia eficiente de sensación, atmósfera y memoria sin la demora ni las limitaciones de la explicación verbal. Donde el lenguaje debe desplegarse línea a línea, una imagen aterriza de inmediato. Por eso siento tanta urgencia por crearlas. No son solo expresiones: son transmisiones.

Y cumplen otro propósito. En estas reconstrucciones visuales no solo recuerdo los hechos: los modelo. Yo elijo la luz, los ángulos, las expresiones. Es un acto de autoría, pero también de confrontación emocional. A veces siento una oleada de ansiedad cuando una escena empieza a verse demasiado precisa—demasiado familiar. Pero esa ansiedad me dice que estoy rozando algo verdadero.

Pienso en estas imágenes como parte del mismo proceso que me trajo a estas memorias. Son artefactos de autonomía. Me permiten decir: *Puede que me hayan quitado algo, pero lo estoy recuperando—cuadro a cuadro, palabra a palabra.* Y quizá lo más importante: me recuerdan que la mente por la que antes caminaban sin invitación... ahora tiene puertas. Y soy yo quien las abre.

Este capítulo, como tantos otros de este libro, es un artefacto de esa elección. Un atisbo a la mente transparente—pero ofrecido ahora con intención, no con rendición.

A veces me pregunto cuántos más cargan esta misma fractura sutil y jamás cuestionan su origen. Cuántas personas sienten el impulso de contar demasiado, demasiado pronto—creyendo que es una manía, un defecto o una mala intuición social—cuando, en realidad, podría ser algo más profundo. Un patrón aprendido mediante el contacto. Una respuesta de supervivencia disfrazada de personalidad. Tendemos a pensar el trauma en términos de lo que quita, pero también deja dones extraños. Y en mi caso, me dejó esto: una mente transparente, moldeada por fuerzas que nunca pidieron permiso—pero que ahora elige, momento a momento, qué revelar y qué proteger. No porque esté roto. Sino porque recuerdo lo que se siente estar expuesto sin voz. Y ahora, la voz es mía.

14

MUFON Y EL REVUELO MEDIÁTICO

Después de marzo de 2024, no recuerdo con certeza encuentros adicionales. Hubo momentos, durante el resto del año, en que sospeché que quizá me habían visitado. Aunque no tuve sueños vívidos con los Grises ni desperté en lugares extraños, sentía impresiones emocionales que me hacían pensar que no había dormido de forma normal. Solo la impresión de contacto. Un mero susurro desde el subconsciente—como la melodía de una canción cuyo nombre no recuerdas—pero no lo suficiente para estar seguro.

Para noviembre de 2024 decidí acercarme a la comunidad ovni más amplia para ver si mi caso despertaba interés. Tras investigar en línea, di con el sitio de MUFON—la Mutual UFO Network. En su web ofrecían un formulario específico para reportar una "abducción o contacto no humano". Hice clic y completé los formularios de contacto y encuesta. A los pocos días recibí un correo de un investigador de campo asignado a Illinois, llamado Timothy Aines. Tras un breve intercambio, acordamos realizar una entrevista por Zoom.

El día de la entrevista, Timothy y yo hablamos durante varias horas. Compartí tantos detalles como pude—empezando por los encuentros más extraordinarios y completando después los menores, pero igualmente significativos. También le mostré las ilustraciones que había creado con software 3D. No eran bocetos simples; eran recreaciones inmersivas de lo que vi, construidas con gran cuidado por la luz, la composición y la atmósfera. Timothy valoró esas imágenes no solo como apoyo visual, sino como registro de memoria: instantáneas de una realidad que poca gente puede imaginar.

Crear esas imágenes nunca fue solo cuestión de precisión. Era cuestión de memoria. Las escenas que elegí reconstruir no eran al azar: eran las que más me perseguían. A las que volvía por la noche, intentando entender. Posaba figuras en el espacio 3D, ajustando ángulos de las extremidades, dirección de la mirada, proximidad, iluminación, hasta que algo dentro de mí decía: Sí. Eso es. Eso fue lo que vi.

Y a veces, en ese proceso, emergían detalles nuevos. Un gesto que no recordaba. Un color que de pronto resultaba, inexplicablemente, correcto. Como si el acto de recrear la escena reabriera el recuerdo, no muy distinto a un sueño que regresa en fragmentos al despertar. No solo estaba ilustrando: estaba descifrando.

La luz siempre fue crucial. Muchos de estos encuentros ocurrieron en ambientes tenues u oníricos, y descubrí que un contorno suave, bajo contraste o incluso un resplandor ambiental exagerado ayudaban a igualar lo que había visto. No perseguía el fotorrealismo: buscaba el realismo emocional. Una manera de transmitir no solo la imagen, sino la sensación del momento.

Una de las escenas más difíciles que creé fue la que terminamos usando para la portada—Syczylick encima de mí, nuestras frentes tocándose, mi mano apoyada en su hombro. Recrear esa imagen significó recrearlo a él—su tamaño, su postura, la calma inquietante de su presencia. Miré ese rostro durante horas, afinando la leve inclinación de la cabeza, la extraña anatomía de su clavícula, la manera en que sus ojos observaban sin parpadear. Fue tan íntimo como perturbador.

Otra escena que me dejó emocionalmente sacudido fue la del doctor gris—sus manos colocadas con suavidad pero con autoridad sobre mi abdomen. Había algo profundamente violatorio en ese momento, no porque fuera violento, sino por lo clínico. Como si ya no fuera una persona, solo un espécimen a evaluar. Aquel encuentro dejó un residuo que aún no logro explicar del todo.

Y, sin embargo, pese a esos momentos, fue el encuentro en el garaje el que más me impactó. No porque fuera el más complejo de renderizar, sino porque estaba grabado a fuego en mí. Esa escena, más que ninguna otra, derribó el muro de duda que aún conservaba sobre mi experiencia de 1994. Despertar en esa posición, paralizado, bajo su control, no fue solo aterrador. Fue clarificador. Fue el momento en que supe: esto era real. Siempre lo había sido. Y cada píxel de esa escena se sentía como una descarga de esa verdad.

Ver esas ilustraciones valoradas—no solo por los investigadores de MUFON, sino después por productores de televisión—fue validante. Ya no eran artefactos personales. Empezaban a formar parte del registro público. Parte de un lenguaje visual más amplio para un fenómeno que con demasiada frecuencia se descarta como fantasía. Y por fin, no tenía que explicarlo todo con palabras. Las imágenes hablaban por sí solas.

Tras registrar mi testimonio y subir mis ilustraciones a los archivos de MUFON, Timothy me dijo que consideraba mi caso entre los cinco mejores que había encontrado. También señaló que MUFON recibe aproximadamente 8000 casos cada año—entre avistamientos y reportes de abducción—un recordatorio de cuánta gente se presenta, aunque pocos lleguen a titulares. Me informó que pensaba solicitar a la dirección de MUFON permiso para presentar mi caso en el Simposio MUFON 2025. Tras una votación del comité, fue seleccionado como el primero de cuatro casos en una presentación titulada "Best of the ERT", en referencia al Experiencer Resource Team de MUFON.

Tras nuestra primera ronda de llamadas y correos, en diciembre de 2024 tomé la decisión de empezar a escribir estas memorias. Comencé el segundo fin de semana de diciembre y me comprometí por completo con el objetivo de tener el manuscrito terminado para junio de 2025. Si el simposio despertaba interés público, quería que el libro estuviera listo el mes anterior, con la esperanza de atraer a una editorial.

ENERO DE 2025

Al mes siguiente, Timothy me contactó de nuevo para decirme que el equipo de producción de *Ancient Aliens* buscaba nuevos casos de "experiencers" para un próximo episodio de su temporada 21. Un comité de diez miembros sénior de MUFON había seleccionado cinco casos para remitir a los productores del programa, y el mío estaba entre ellos. Acepté participar si me elegían y esperé mientras MUFON enviaba mi resumen a Prometheus Entertainment, la productora.

Para el 15 de enero me contactaron los productores y me invitaron a una entrevista por Zoom como parte del proceso de selección. Una joven productora asociada llamada Nuria condujo la entrevista, que duró alrededor de una hora y quince minutos. Con base en esa conversación, más tarde me enviaron una invitación oficial para aparecer en el programa.

Cuando recibí el correo confirmando mi inclusión en *Ancient Aliens*, tuve que leerlo dos veces. Se sentía irreal. Durante los últimos cinco años había visto el programa religiosamente—no solo por entretenimiento, sino como una forma de educación. Había sido mi currículo autodidacta en todo lo extraterrestre: visitaciones históricas, encubrimientos gubernamentales, programas híbridos y, en especial, el fenómeno de la abducción. Las personas que aparecían en el show eran voces que había aprendido a reconocer y respetar. Pasar de espectador anónimo a sujeto destacado era como atravesar la pantalla.

Me quedé con esa sensación un rato—parte incredulidad, parte validación. Durante mucho tiempo guardé mis experiencias para mí, inseguro de cómo serían recibidas, sin saber siquiera cómo llamarlas. Y ahora, un programa que antes veía en privado extendía la mano a través del televisor y decía: Aquí perteneces.

El 26 de enero de 2025 volé a Los Ángeles, pasé la noche en un

Angustia en las Sombras:

hotel y a la mañana siguiente me llevaron al set para la entrevista. Todo el proceso era nuevo para mí. En mis años con FAIR Autism Media siempre había estado detrás de la cámara, o haciendo las preguntas—nunca delante. Estaba algo nervioso y cohibido. Tiendo a hablar rápido cuando me apasiono, y temía que mi entrega resultara demasiado frenética o que dijera más de la cuenta. Pero el productor que condujo la entrevista, Gabe Rotello, era un profesional curtido que pronto me ayudó a relajarme.

Nuestra entrevista duró noventa minutos. Me habían proporcionado una lista de posibles preguntas con antelación, lo que me permitió reflexionar y preparar mis respuestas. La noche anterior, mi hermano Norman y yo las ensayamos juntos. Aunque mis respuestas fueron espontáneas y honestas, se beneficiaron de esa preparación: fui más cuidadoso en las palabras y más enfocado al contar cada historia. Esto fue antes de que el borrador de mis memorias superara las 10 000 palabras, y mucho de lo que compartí aún no estaba en papel. Aquella entrevista se convirtió en una de las primeras oportunidades para articular mis experiencias en voz alta, en secuencia, con cierto pulido.

Después, tanto Gabe como otra productora—que había observado la entrevista desde otra sala—se acercaron para felicitarme. No solo por cómo había ido, sino por la profundidad y el detalle de mis encuentros. También mostraron interés real por las ilustraciones que llevé. Me pidieron firmar una cesión para que Prometheus Entertainment pudiera usar el arte en el episodio—algo que acepté encantado.

A los pocos días de volver a Chicago, recibí un correo de seguimiento de Gabe Rotello. Resultó que, al día siguiente de mi entrevista, Gabe y su equipo entrevistaron a Whitley Strieber—autor de *Communion* y una de las voces más influyentes en la investigación de abducciones. Gabe compartió detalles de mi caso con Whitley, quien expresó interés en contactarme. Gabe nos envió entonces un correo a ambos, facilitando la presentación.

Poco después, hablé directamente con Whitley y me invitó a su pódcast *Dreamland*—una oferta que acepté con gusto. Tras unos correos, acordamos grabar el episodio para el 11 de marzo.

Había algo simbólico en esa secuencia. Primero MUFON. Luego *Ancient Aliens*. Luego Whitley Strieber. Se sentía como atravesar capas —cada una más visible que la anterior. Durante años viví en reflexión silenciosa, a solas con mis recuerdos. Ahora me daban un micrófono. No solo para contar lo que me pasó, sino para hablar como uno de ellos. Una de las voces a las que solía escuchar en busca de claridad.

Esa conciencia no vino sin presión. Sabía que cuando esos episodios salieran al aire, no habría vuelta atrás. Mi nombre, mi historia, mi rostro—ahí afuera. La gente tendría opiniones. Algunos me creerían. Otros me descartarían. Pero nada de eso superaba lo que significaba esta oportunidad: por primera vez, la verdad de mi experiencia se escucharía sin interrupción.

Se sentía vulnerable, pero también empoderador. Como si me devolvieran una parte de mí que me habían arrebatado. No mis recuerdos—esos seguían incompletos—sino la capacidad de autorar la narrativa. Y mientras me preparaba para la entrevista con Whitley, empecé a sentir que ya no solo relataba los hechos. Los estaba reivindicando.

Tan emocionante como fue la atención de MUFON y *Ancient Aliens*, no cambió lo que había aprendido a esperar del fenómeno en sí: silencio. No había ocurrido nada nuevo desde marzo de 2024. Y, sin embargo, el silencio no se sentía definitivo. Se sentía familiar. Medido. Como si también formara parte de un ritmo que no había reconocido del todo al principio.

Cuando por fin me senté a grabar *Dreamland*, había una quietud extraña en mí. No nervios. No exactamente entusiasmo. Algo más parecido a gravedad. La voz de Whitley llevaba años en mis oídos. Había escuchado sus libros, visto sus entrevistas, leído sus ideas sobre el contacto, la conciencia y el alma. Él moldeó el marco con el que empecé a reconocer mis propias experiencias por lo que eran.

Y allí estábamos—frente a frente, aunque fuera por una pantalla. Escuchó con atención, hizo preguntas reflexivas y mostró asombro ante ciertos detalles de mi historia. Más de una vez me dijo: "Nunca había oído algo exactamente así". No era halago. Era reconocimiento. Y eso lo significó todo.

Ser visto de ese modo—por alguien que atravesó su propio fuego y salió con lenguaje para lo inefable—fue más afirmante de lo que esperaba. No me sentí un invitado en un pódcast. Me sentí alguien que cruzaba un umbral. De "experiencer" privado a testigo público. De la soledad a la conversación.

Cuando terminó la grabación, me quedé un momento en silencio. Y pensé: quizá eso es lo que hacemos—quienes elegimos hablar. No solo contamos historias. Reclamamos el derecho a darles forma.

Y, una vez que elegí hablar, supe que debía ir más lejos. No solo compartiendo lo ocurrido, sino respaldándolo. Públicamente. Sin ambigüedad. Eso fue lo que me llevó a dar el siguiente paso.

15

LA MEDIDA DE LA VERDAD

Llega un punto en toda afirmación extraordinaria en el que la mera creencia ya no basta—en el que la convicción debe encontrarse con la rendición de cuentas. Para mí, ese momento llegó en la primavera de 2025, cuando programé un examen de polígrafo para abordar las experiencias relatadas en este libro. No porque se lo debiera a la ciencia, a los escépticos o siquiera a los medios, sino porque se lo debía a usted, lector.

La pregunta era simple: ¿podía demostrar que digo la verdad? La respuesta, por supuesto, depende de lo que cada uno considere "prueba". Un polígrafo no es un tribunal. No dicta veredictos. Pero puede revelar algo más profundo que la evidencia dura: puede medir consistencia, certeza y sinceridad. Puede comprobar si una persona respalda su propio relato sin engaño.

No tomé esta decisión a la ligera. Sabía el riesgo. Si fallaba—si incluso una respuesta mostraba engaño—estaría entregando munición a cada escéptico, a cada voz desdeñosa que alguna vez llamó delirantes, buscadores de atención o inestables a los experiencers. Sabía lo que estaba poniendo en juego. Pero también sabía algo más: he dicho la verdad. Y no temo que esa verdad sea puesta a prueba.

Empecé a investigar examinadores poligráficos a inicios de abril de 2025. No quería a un sensacionalista ni a un operador marginal: quería a alguien profesional, experimentado y dispuesto a tomar mi caso en serio. Tras revisar varias opciones, me decidí por Central Polygraph Service en Northfield, Illinois. Su sitio web era sobrio y directo, y su reputación, sólida. Envié una consulta inicial explicando que había escrito unas memorias sobre experiencias de abducción a lo largo de mi vida y que deseaba verificar la veracidad de afirmaciones clave.

Para su crédito, no se inmutaron. A los uno o dos días recibí respuesta de un examinador llamado Michael. Empezamos a intercambiar correos sobre la naturaleza de mi solicitud y, lo más importante, la redacción de las preguntas. Eso resultó más difícil de lo esperado. Las preguntas del polígrafo deben construirse con absoluta claridad—sin metáforas, ambigüedades ni cargas emocionales. Tras varias rondas de revisión, finalizamos dos preguntas simples y directas:

1. ¿Alguna vez ha estado físicamente presente con una forma de vida que usted consideró un alienígena no humano?

2. ¿Alguna vez ha sido tocado físicamente por una forma de vida que usted consideró un alienígena no humano?

Pagué la sesión y programé la prueba para el miércoles 23 de abril a la 1:00 p. m. Cuando llegó el correo de confirmación, sentí una mezcla extraña de expectación y presión. He dado entrevistas. He contado mi historia ante cámaras. Pero esto sería distinto. No hay ensayo cuando los electrodos leen tu pulso. No hay edición. No hay segunda toma. Esta vez, lo único que importaba era la verdad—y cómo respondía mi cuerpo a ella.

El día de la prueba conduje hasta Northfield, Illinois, un suburbio acomodado al norte de Chicago. Las oficinas de Central Polygraph estaban en un complejo tranquilo. Tras registrarme, me llevaron a una sala pequeña donde Michael, el examinador, me explicó el procedimiento. La sala era clínica y silenciosa. Un escritorio con computadora, unas sillas contra la pared y, en el centro, una silla acolchada con reposabrazos y una placa de presión en la base. Una cámara en la pared enfocaba al examinado, vigilando señales físicas sutiles.

Michael me guio por la instalación y conectó el equipo: tres sensores en los dedos de la mano derecha, dos bandas alrededor del pecho y los pies sobre la placa de presión. Una vez listo todo, comenzó la ronda de línea base. Me indicó elegir un número entre el 2 y el 7. Elegí el 4. Luego me pidió negar haber escogido cada número —incluido el 4—para que el sistema detectara una mentira conocida y la usara como control. Mis lecturas base fueron estables.

Luego llegaron las preguntas más personales. Algunas buscaban provocar respuesta emocional:

«¿Alguna vez ha recibido gratificación sexual como resultado de interacción con un alienígena no humano?» Esa me tomó por sorpresa. Pensé: ¿Qué demonios? Pero respondí "no", con calma, como se indica—sin elaboraciones ni explicaciones.

Otra fue más lejos: «¿Alguna vez ha practicado la masturbación con pornografía de naturaleza desviada o ilegal?» Quise soltar un "Por supuesto que no", pero de nuevo mantuve el tono nivelado y dije "no". No eran acusaciones; eran pruebas de estrés, destinadas a disparar una reacción emocional. Y en mi caso, no lo hicieron.

Entonces llegamos a las dos preguntas relevantes—las que de verdad me importaban. «¿Alguna vez ha estado físicamente presente con una forma de vida que usted consideró un alienígena no humano?»

«Sí», respondí, mientras las imágenes cruzaban mi memoria: el encuentro en el garaje... el ser encima de mí en la cama... el peso de una presencia que nunca me abandonó.

«¿Alguna vez ha sido tocado físicamente por una forma de vida que usted consideró un alienígena no humano?»

«Sí», dije de nuevo, recordando la mano del gris en la mía, la cirugía silenciosa, las manos sobre mi abdomen. Mi corazón no se aceleró—pero mi respiración se profundizó.

Ese fue mi error.

Las preguntas se repitieron a lo largo de cuatro ciclos. Cada vez permanecí inmóvil, con el cuerpo controlado. Pero cada vez que llegaba a esas dos preguntas, de forma inconsciente tomaba respiraciones más profundas. No era mi intención. No temía las preguntas. Pero cuando las respondía, las sentía. Recordaba. Y esa carga emocional—aunque involuntaria—alteró mi fisiología.

Tras la prueba, Michael desconectó los sensores y señaló el monitor, donde mis resultados aparecían en un gráfico de líneas dentadas y marcas de tiempo.

«Erik, tu línea base está limpia. Impecable. Respondiste las preguntas de control exactamente como se esperaba—plano y estable. Pero en las dos preguntas relevantes, ¿ves esto? Estás totalmente calmado al decir "sí": las líneas blancas apenas se mueven... pero luego tomas una respiración profunda justo después. Y el sistema lee eso como un pico de estrés». Suspiró y volvió a mirarme.

«El software quiere reprobarte. Pero llevo suficiente tiempo en esto para saber que eso no es engaño. Es emoción. Creo que estabas diciendo la verdad. Pero, por esos picos fisiológicos, legalmente no puedo certificar el resultado. Tengo que marcarlo como inconcluso».

De un modo extraño, la palabra "inconcluso" me resultó demasiado familiar. No era un veredicto. No era una acusación. Era un encogimiento de hombros. Una no-respuesta que sonaba a tantas otras que he oído en mi vida. Cuando he intentado contarle a alguien sobre los encuentros, las luces, la parálisis, las cirugías—me he topado con miradas en blanco, asentimientos corteses o silencios incómodos. Inconcluso. He pasado décadas viviendo en el espacio gris entre la creencia y la prueba. Y este resultado se sintió como otro recordatorio de que no pertenezco del todo a ninguno de los dos mundos.

Sus palabras me golpearon más de lo esperado. No había mentido. Pero la prueba no podía exonerarme. No por el contenido, sino por mi humanidad. Michael me aseguró que podía repetir la prueba—estaba confiado en que aprobaría si lograba regular la respiración. Pero el costo de otra sesión me retrasaría, y tendría que esperar. Me fui sintiéndome a la vez validado y decepcionado. No fallé. Pero tampoco aprobé.

Los polígrafo han desempeñado un papel curioso y polémico en el panorama ovni y de abducciones. Durante décadas, los han usado experiencers para aportar credibilidad a relatos que, de otra forma, desafían la creencia.

Ahí está el caso de Travis Walton, quizá el incidente de abducción más escrutado que existe. En 1975, Walton desapareció cinco días en el Bosque Nacional Apache-Sitgreaves, en Arizona. Su cuadrilla maderera—siete hombres en total—reportó haberlo visto alcanzado por un haz de luz desde una nave suspendida. Tras su regreso, seis de los testigos se sometieron y aprobaron pruebas de polígrafo administradas por el Departamento de Seguridad Pública de Arizona, pese a la intensa atención nacional y al escepticismo. Sus resultados no probaron lo que vieron, pero sí probaron que creían lo que vieron. Esa distinción importa. Las pruebas se volvieron piedra angular de la credibilidad del caso y, para muchos de nosotros desde entonces, una suerte de rito de paso.

Más de una década antes, Betty y Barney Hill ya habían recorrido ese camino. Su experiencia de 1961 en New Hampshire fue la primera abducción en recibir gran atención pública en Estados Unidos. Bajo hipnosis, recordaron de forma independiente haber sido llevados a bordo de una nave, examinados y luego devueltos. En los años siguientes, fueron entrevistados por psicólogos, examinados por los medios y, finalmente, sometidos a detectores de mentiras. Ninguno reprobó. Si bien los resultados de esa época no se manejaron con el rigor o la documentación que hoy exigiríamos, su disposición a someterse a tales pruebas—en un tiempo en que las parejas interraciales ya enfrentaban prejuicios—dijo mucho. No tenían nada que ganar. Solo querían ser creídos.

Los escépticos, por supuesto, señalan los límites. Por lo general, los resultados del polígrafo son inadmisibles en tribunales. La tecnología no detecta mentiras: detecta respuestas de estrés, cambios fisiológicos que pueden (o no) correlacionarse con el engaño. Falsos positivos y falsos negativos ocurren. Los críticos sostienen que un mentiroso diestro puede burlar la máquina, mientras que un veraz traumatizado puede fallar. Y tienen razón. La ciencia es imperfecta. Pero en ausencia de prueba médica, documentación en video o artefactos físicos, el polígrafo aún puede cumplir una función simbólica poderosa. Muestra voluntad de ser examinado. De afrontar el escrutinio. De poner algo sagrado—tu propia memoria—en la línea.

Para muchos abductees, someterse a un polígrafo no trata de probar algo a la ciencia. Trata de recuperar una pequeña cuota de agencia. En una realidad donde a menudo nos quitan el control—donde nos llevan sin consentimiento, nos devuelven sin cierre y nos dejan bregando con fragmentos de memoria—la decisión de hacerse un polígrafo puede sentirse como un acto desafiante de autoposesión. Conocemos los riesgos. Sabemos que el resultado podría no favorecernos. Y aun así, vamos.

Por eso lo hice. No porque creyera que silenciaría a todo crítico, o que abriría cada puerta, sino porque me pareció un gesto honesto en un mundo donde la honestidad se descarta con demasiada facilidad. No entré a esa prueba esperando vindicación. Entré porque sabía quién soy. Lo que me pasó. Y quería que esa certeza se encontrara con el mundo de una forma visible y medible—aunque el instrumento no fuera perfecto.

Al final, ¿qué nos dice realmente un polígrafo? Nos dice algo sobre la intención. Sobre la presencia. No descifra los misterios del fenómeno, pero ofrece un vistazo a cómo una persona carga con el peso de lo que ha visto. Eso importa. Especialmente cuando nuestras historias suelen reducirse a anécdota, mito o patología.

Así que sí, probablemente me someteré a la prueba otra vez. No para demostrar lo indemostrable, sino para mostrar que sigo en el centro de mi verdad, sin vacilar. Y si mi respiración vuelve a engancharse—si la memoria supera a la biología—enfrentaré eso también.

Quizá esa sea la historia. Tal vez la verdad no siempre sea blanco y negro en un gráfico. Tal vez no pueda reducirse a un pico o un valle en las líneas.

No necesito una máquina para saber lo que me ocurrió. Pero aún quiero ese "aprobado" limpio. No por validación—solo por puntuación. Para darle a esta historia un golpe final, medible.

Sin embargo, quizá la creencia no se mida en cuadros y cables. Quizá resida en la voluntad de dar un paso al frente y decir: esto pasó. Yo estuve allí. Y no temo respaldarlo. Lo que puedo ofrecer es lo que he ofrecido desde el principio: mi memoria, mi convicción y mi disposición a ponerlo todo en juego. Y así lo hago.

16

UN GRIS DE RELOJERÍA

La historia se mueve en círculos y, en el espacio gris entre la memoria y el olvido, la verdad espera. Al mirar atrás mis experiencias—y las de mi madre—la frecuencia de las visitas y los intervalos entre ellas sugieren lo que podría ser un calendario deliberado que los Grises siguen con sus abducidos y con sus líneas de sangre.

Como ya comenté, los encuentros de mi madre parecieron comenzar en 1953, aunque no podemos asegurar que fuera el primero. Su siguiente indicio de visita llegó a inicios de los años setenta, cuando empezó a sufrir pesadillas recurrentes en las que la perseguían orbes blancas—las mismas orbes que yo vi estando completamente despierto entre 1970 y 1974. Parece que ambos fuimos visitados durante ese periodo de cuatro años, con la diferencia clave de que yo conservo recuerdos en vigilia de las orbes y ella no.

Veinte años después, en 1994, tuve un recuerdo en vigilia de cuatro Grises pequeños saliendo precipitadamente de mi habitación en lo que supongo fue un intento de abducción abortado. También tuve impresiones de posibles visitas en 1995. Si es así, 1994 no fue un evento aislado; probablemente formó parte de otro ciclo de cuatro años, del cual sólo retuve un recuerdo consciente.

Veinticinco años después de mi última visita sospechada, el ciclo empezó de nuevo. Entre 2020 y 2024, me llevaron cada cuatro a seis semanas, con una regularidad imposible de ignorar.

¿Indican estos encuentros un calendario rotativo de largo plazo? Si suponemos que vuelven cada veinte años para rotaciones de cuatro años con abducciones casi mensuales, ¿qué implica eso? ¿Qué podemos derivar?

EL FENÓMENO EN AMPLIO: PATRONES DE AGENDA

Si mis encuentros siguieron un ciclo de veinte años con periodos de actividad intensa de cuatro años, ¿podría este patrón extenderse más allá de mi caso? ¿Están otros abducidos viviendo intervalos estructurados? La investigación sugiere que sí. Aunque la frecuencia y el ritmo varían, han emergido patrones a lo largo de décadas de testimonios.

Algunos abducidos reportan ser llevados casi mensualmente durante un lapso prolongado. Ese tipo de agenda coincide con lo que viví entre 2020 y 2024, cuando las visitas ocurrían cada cuatro a seis semanas. Whitley Strieber describió periodos de encuentros en racimos, a intervalos previsibles, en *Communion* y *Transformation*. Budd Hopkins, en *Intruders*, documentó casos donde los abducidos eran tomados con regularidad, especialmente quienes estaban implicados en experimentos reproductivos o en esfuerzos de integración híbrida. David Jacobs halló que quienes interactuaban con híbridos eran llevados cada cuatro a seis semanas—exactamente mi frecuencia reciente. Si los Grises realizan monitoreo biológico de largo plazo—ya sea mediante recolección de tejidos, escaneos neurológicos o seguimiento de cambios fisiológicos sutiles—los abducidos pueden estar sujetos a "controles" frecuentes para medir el progreso.

Lo inquietante de esta agenda de corto plazo es que no parece aleatoria. Una vez que un abducido entra en una "fase activa", puede ser visitado de manera continua por varios años antes de que los Grises se retiren. ¿Por qué retirarse? Si la hibridación o el refinamiento genético están en el núcleo, las visitas probablemente tienen fases: un periodo de intervención y luego una larga ausencia, quizá para permitir que surtan efecto ciertos ajustes.

Aparece un patrón aún más perturbador al observar el rastreo a largo plazo. Muchos abducidos, como yo, reportan vacíos de veinte años o más antes de que sus experiencias se reanuden. Jim Sparks, en *The Keepers*, recordó un patrón de abducciones repetidas durante un tiempo, seguido por décadas de silencio—hasta que el ciclo se reiniciaba. Asimismo, en el trabajo de regresión de Barbara Lamb, algunos descubrieron que los habían tomado de niños y luego otra vez décadas después, a menudo en hitos biológicos clave. Jacobs y Hopkins señalaron que con frecuencia el primer episodio ocurre en la niñez, luego nada durante veinte o treinta años, hasta que el ciclo regresa. Esto refleja mis propios 1974, 1994 y 2020: tres fases separadas, cada una distante de la anterior unos veinte años.

¿AGENDA ESTRUCTURADA O EXPERIMENTO EVOLUTIVO?

Si este ciclo de veinte años no me es exclusivo, debemos preguntar: ¿Qué propósito cumple ese cronograma? La idea de que los Grises vuelvan con intervalos tan precisos apunta a algo profundamente metódico, ya sea un calendario predeterminado de cosecha genética, un estudio observacional de largo aliento o un proceso de aclimatación gradual del abducido.

Una razón posible es que estén rastreando algo específico en los abducidos que toman repetidamente—quizá un marcador biológico o neurológico que sólo cobra relevancia en ciertas etapas de la vida. Si su objetivo central implica recolección de tejidos, intervención reproductiva o esfuerzos de hibridación, tendría sentido que regresen en hitos biológicos. No necesitan vigilancia constante, sino reengancharse cuando el sujeto entra en la siguiente fase—ya sea natural o inducida por abducciones previas.

Esto podría explicar por qué cada ronda difiere de la anterior. En mis encuentros tempranos su interés parecía centrado en la extracción reproductiva; más tarde, las interacciones se desplazaron hacia muestras de tejidos, intervenciones quirúrgicas e incluso cartografía neurológica. Es como si siguieran una hoja de ruta interna, afinando algo con el tiempo, en lugar de repetir los mismos procedimientos en cada ciclo.

Si la hibridación es el enfoque, cada intervalo de veinte años podría representar el tiempo requerido para que una nueva generación híbrida alcance la madurez antes de que los abducidos sean llamados de nuevo para aportar material genético fresco a otra ronda. Esto implicaría que los abducidos no son meros sujetos de estudio, sino recursos genéticos activos, integrados en un sistema que se repite a lo largo de varias vidas humanas.

EL COMPONENTE PSICOLÓGICO: CONDICIONAMIENTO EN EL TIEMPO

El ciclo puede no estar impulsado sólo por la biología. Si los Grises dominan la manipulación neurológica, es posible que espacien sus encuentros de forma intencional para modelar percepciones, conductas y procesos cognitivos de manera controlada.

Cuatro años de experiencias intensas bastan para crear memorias perdurables, pero son lo bastante breves para que el abducido no se acostumbre del todo a su presencia. Al retirarse veinte años, se aseguran de que el abducido envejezca, madure y entre en nuevas etapas vitales—cambiando su perspectiva—antes de reengancharlo. Esto les permitiría evaluar efectos a largo plazo de sus intervenciones y, a la vez, lograr que el abducido "reinicie" mentalmente, suprima o reinterprete lo vivido.

Si la meta es aclimatarnos gradualmente a su presencia, entonces las ausencias largas quizá no sean pausas, sino periodos calculados de remodelación psicológica antes de la siguiente fase. Ese intervalo permite normalizar lo pasado y, con ello, modificar la receptividad cuando regresan.

RASTREO DE GENERACIONES, NO SÓLO DE INDIVIDUOS

Esto conduce a una posibilidad todavía más inquietante. Si las experiencias de mi madre en 1953 preceden a las mías en 1970, el patrón puede involucrar no sólo a individuos, sino a líneas familiares enteras. La idea de que los Grises siguen líneas genealógicas está bien documentada, con casos de contacto multigeneracional a lo largo de décadas.

Hopkins y Jacobs exploraron familias en las que los padres descubrieron que también tomaban a sus hijos—en ocasiones a la misma edad a la que ellos habían sido tomados. A menudo, los padres sospechan tras notar conductas extrañas: miedos inexplicables, trastornos del sueño o sueños demasiado específicos para la imaginación infantil. Algunos recuerdan despertarse y ver la cama del niño vacía—para que, más tarde, reaparezca como si nada.

No tengo pruebas definitivas de que mi hija haya sido tomada, pero hubo una experiencia que nunca me ha cuadrado. Tras una de mis abducciones, ya de vuelta en mi cama, yacía en la oscuridad con esa fatiga familiar de posencuentro. Entonces, a través de la pared contigua, oí risas. Era Miranda.

Tenía 23 años, pero debido a su autismo no verbal, conserva la mente de una niña. Que estuviera despierta a mitad de la noche no era inaudito, pero algo en aquel momento se sentía distinto.

No sólo reía: se carcajeaba, entretenida, como si alguien hubiera estado jugando con ella. Una inquietud lenta se apoderó de mí. Escuché, esperando otro sonido: movimiento, el crujido de la cama, cualquier indicio de que sólo estaba saliendo de un sueño. Pero la casa estaba en silencio.

¿Quién la hizo reír?

Claro está, no puedo probar que le ocurriera algo esa noche. Tal vez soñaba. Tal vez no hubo nada inusual.

Pero no pude quitarme de encima la sensación de que, mientras los Grises acababan de dejarme, no habían abandonado la casa.

Si las abducciones realmente siguen líneas de sangre, cabe pensar que no sólo rastrean marcadores genéticos, sino que observan cómo responden los hijos de los abducidos. Algunos investigadores creen que se trata de una aclimatación: introducir a los más jóvenes de forma gradual para que no desarrollen el mismo nivel de miedo que las generaciones anteriores.

Si es cierto, surge una pregunta inquietante: ¿Están algunos niños siendo condicionados para aceptar a los Grises desde muy temprano? ¿Podría eso explicar por qué Miranda despertó riendo?

Sólo puedo especular. Pero si la historia se repite, como con mi madre y conmigo, quizá yo no sea el último de mi familia en vivir estos encuentros.

UN PROCESO QUE NO TERMINA

Si tomo distancia y contemplo el patrón, se vuelve evidente que no es un fenómeno aislado. Los ciclos recurrentes, la implicación multigeneracional y los cambios graduales de enfoque entre fases apuntan a algo deliberado y en curso.

La naturaleza de este proceso plantea una pregunta más inquietante: ¿Para qué fin?

Si los Grises han llevado a cabo abducciones durante décadas—posiblemente siglos—¿cuál es el objetivo final? ¿Sólo están probando y afinando métodos de hibridación, ajustando variables en cada ciclo? ¿O este proceso construye algo mayor—todavía fuera de nuestro entendimiento?

Si el ciclo realmente no termina, abducidos como yo formamos parte de algo mucho más grande de lo que imaginamos. Lo que no está claro es si sólo somos recursos biológicos para su agenda o si nos están moldeando en algo distinto.

Algunos reportan cambios con el tiempo—no sólo físicos, sino mentales. A medida que persisten los encuentros, notan alteraciones sutiles en pensamientos, emociones y percepciones. ¿Podría la exposición prolongada a los Grises estar reconfigurándonos de maneras no evidentes? ¿Con qué propósito?

Si sus interacciones son acumulativas, entonces no somos simples sujetos en un experimento repetido: podríamos ser parte de un proceso en desarrollo que continuará por generaciones hasta que alcancen su objetivo final.

Sea cual sea. (Especularé sobre ello más adelante).

LOS ESPACIOS ENTRE MEDIAS: ¿QUÉ SUCEDE DURANTE LOS 20 AÑOS DE SILENCIO?

Si los Grises operan con un cronograma estructurado, retirándose dos décadas antes de reengancharse, la pregunta natural es: ¿Desaparecen de verdad en esos años o sólo observan a distancia? La ausencia de encuentros directos no significa que quedemos fuera de su influencia.

Aunque nunca tuve avisos de su regreso, no creo que sus ausencias de veinte años sean una desconexión completa. Sospecho que pueden monitorizarnos de manera continua incluso en los años "silenciosos". Mis encuentros sugieren que saben exactamente dónde estoy, en qué condición me encuentro y cuándo volver.

Muchos abducidos sienten que los vigilan entre encuentros; y hay indicios de que su vigilancia va más allá de lo psicológico. La idea de que los Grises rastrean a sus sujetos de forma remota no es nueva. Numerosos relatos describen implantes—pequeños objetos metálicos incrustados profundamente en tejidos blandos, a menudo en lugares difíciles de detectar o extraer. Se sospecha que sirven como dispositivos de rastreo biológico.

Si utilizan tales dispositivos, se explica cómo localizan de inmediato a los abducidos al reiniciarse el ciclo. También sugiere que los veinte años no son una "pausa", sino un periodo en que su interacción pasa de lo directo a lo pasivo. Es probable que estos implantes no sólo delaten la ubicación, sino que transmitan datos de salud, estado neurológico y composición genética.

Cabe incluso la posibilidad de que no necesiten dispositivos físicos. Si los Grises comprenden a fondo campos electromagnéticos, biofirmas o entrelazamiento cuántico, podrían monitorizarnos de forma remota por medios que aún no entendemos. Se ha planteado la noción de vigilancia telepática: algunos reportan momentos aleatorios de "intrusión" mental durante periodos inactivos, como si algo externo hubiera tocado fugazmente sus pensamientos.

Aun sin telepatía, hay razones para creer que los abducidos podrían seguir siendo influidos o "preparados" para la siguiente oleada. Se ha especulado con periodos de preparación neurológica a largo plazo—una clase de condicionamiento sostenido que asegura que, cuando el ciclo se reanude, el abducido sea más dócil, más receptivo o más optimizado neurológicamente para el procedimiento que venga.

Para los Grises, el tiempo quizá no funcione como para nosotros. El intervalo de veinte años podría ser un instante desde su perspectiva—una pausa controlada antes de la siguiente etapa. Si sus métodos de observación son tan avanzados que pueden recolectar todo lo necesario sin abducción directa, entonces lo que percibimos como "vacíos" podría ser sólo un cambio de foco operativo.

Si el patrón se mantiene, lo que hacen en esos años silenciosos es tan importante como lo que hacen en los de actividad.

Incluso cuando se han ido, en realidad no se han ido.

El intervalo no borra el pasado. Permanece en la mente como una pregunta siempre presente: ¿cuándo volverán? Sigues con tu vida, convenciéndote de que quizá—sólo quizá—ya terminó. Pero la inquietud nunca desaparece del todo. Cada sueño inexplicable, cada sombra en el rabillo del ojo, cada sensación extraña de ser observado —todo alimenta la misma pregunta: ¿siguen ahí?

¿UN CICLO SIN FIN... O CON FASE FINAL?

Si los Grises vuelven cada veinte años, surge otra duda: ¿El ciclo termina alguna vez? ¿O un abducido les resulta útil toda la vida—tal vez incluso más allá?

Muchos suponen que sus encuentros son temporales, parte de un experimento que acabará. Mis experiencias sugieren lo contrario. Cada regreso ha sido distinto, pero nunca ha cesado realmente. Jamás recibí indicios de que pretendan "liberarme" de su programa. Cuanto

Angustia en las Sombras:

más estudio estos patrones, más me pregunto: ¿Existe una fase final? ¿Alguna vez un abducido deja de serles útil?

Sería fácil suponer que sólo servimos mientras somos reproductivamente viables, que cuando decae la calidad de espermatozoides u óvulos, termina el papel. Pero el testimonio de abducidos de por vida contradice esta idea: muchos reportan ser llevados bien entrada la vejez, a veces en sus setenta u ochenta, mucho más allá de los años reproductivos. Esto sugiere que no sólo les interesan gametos; recolectan algo más perdurable, útil durante toda la vida.

Una explicación es que, aun tras el declive reproductivo, el material genético del abducido sigue siendo valioso de otras formas. Si los Grises no sólo hibridan sino que hacen ingeniería biológica, incluso los mayores podrían aportar células madre, datos epigenéticos y mapeo neurológico.

La investigación en potencial de células madre respalda esta idea: aun después del declive reproductivo, la médula ósea es rica en células madre hematopoyéticas, capaces de regenerar sangre, células inmunes e incluso ciertos tejidos (Goodell et al., 2015). Si los Grises refinan genética híbrida a lo largo de múltiples generaciones humanas, la médula podría proporcionar material estable incluso cuando la reproducción ya no sirve. El uso de células madre en medicina regenerativa es un campo mayor (Trounson & McDonald, 2015), y es razonable suponer que ellos lo apliquen a un nivel más allá del nuestro.

Más allá de la genética, puede interesarles el rastreo neurológico. Muchos abducidos relatan procedimientos con cascos, escaneos cerebrales o lo que parece extracción de memoria (Hopkins, 1987; Jacobs, 1998). Si su interés rebasa la genética y alcanza a la conciencia, los abducidos podrían serles útiles incluso en etapas avanzadas, conforme la mente y la cognición cambian. Estudios sobre envejecimiento y plasticidad neuronal muestran que el cerebro sigue adaptándose y reorganizándose toda la vida (Pascual-Leone et al., 2005), lo que podría explicar por qué continúan monitoreándonos más allá de la edad reproductiva: observar cómo se reconfiguran las vías neuronales a través de décadas—quizá midiendo los efectos de abducciones repetidas en la cognición.

También está el seguimiento epigenético. Aunque el ADN permanece estable, los marcadores epigenéticos cambian por ambiente, edad, estrés e incluso manipulación externa (Jaenisch & Bird, 2003). Si monitorizan cómo las modificaciones genéticas hechas en abducciones tempranas se manifiestan después, necesitan volver periódicamente para evaluar resultados a largo plazo. Los científicos ya exploran cómo la herencia epigenética afecta a futuras generaciones (Jirtle & Skinner, 2007), lo que indicaría que no vigilan una sola generación, sino linajes completos a lo largo del tiempo.

Todo esto sugiere que los abducidos no "caducan" en el programa. Aunque el foco cambie, somos útiles en cada etapa de la vida.

Si el ciclo de veinte años se mantiene, mi siguiente fase sería en 2040. Si sigo vivo, ¿qué necesitarán entonces? Si antes se centraron en lo reproductivo, ¿pasarán a función neurológica, cambios cognitivos o extracción de células madre? ¿O el proceso continuará indefinidamente, haciéndonos rotar por distintas fases de utilidad hasta el final de la vida?

Cabe una posibilidad más inquietante: que la utilidad no termine con la muerte. Algunos abducidos recuerdan entornos clínicos, como morgues, donde vieron a humanos fallecidos siendo examinados (Strieber, 1987; Jacobs, 2015). Si su programa es verdaderamente longitudinal, abarcando vidas enteras, quizá no se detenga porque el cuerpo muera. ¿Siguen recolectando datos post mórtem? ¿Material genético de los difuntos?

Si los abducidos no salen del programa por edad, la fase final quizá no sea jubilación… sino algo muy distinto.

17

DENTRO DEL TRANCE

«Estamos hechos de la misma materia que los sueños, y nuestra pequeña vida se redondea con un dormir.»
— *William Shakespeare, La tempestad*

Hay un tipo de sueño que no es descanso. Un estado en el que el cuerpo está presente, pero el yo se encuentra a la deriva —no soñando, no despierto, sino suspendido en algo completamente distinto. He sido puesto en ese estado más veces de las que puedo contar. Dentro del trance, el tiempo pierde significado. También lo pierde el miedo. No es paz, sino quietud. Y en esa quietud, dejo de ser una persona para ellos —me convierto en una herramienta que pueden usar, dócil y silenciosa.

A lo largo de este libro he compartido muchas de las experiencias extrañas y profundamente personales que he tenido con los seres comúnmente llamados los Grises. En casi cada encuentro, un detalle se repite con una consistencia escalofriante: estoy en trance. Mi cuerpo queda paralizado. Mis emociones se amortiguan hasta casi desaparecer. Las sensaciones físicas se atenúan o simplemente no están. Estoy completamente consciente, pero reducido a un observador pasivo, incapaz de actuar, hablar o incluso sentir alarma.

Este estado alterado es uno de los aspectos más ignorados y menos comprendidos del fenómeno de la abducción. Y, sin embargo, es uno de los que más pistas puede ofrecernos. ¿Qué significa que tu consciencia sea manipulada con tanta precisión —no para dejarte inconsciente, sino para mantenerte suspendido? ¿Qué clase de fuerza o inteligencia puede anular los instintos de supervivencia del cuerpo de forma tan absoluta? Y quizá lo más inquietante: ¿qué tan cerca estamos nosotros, como especie, de poder replicar este tipo de control?

En este capítulo quiero explorar más a fondo ese estado de trance —no sólo como yo lo viví, sino a la luz de lo que sabemos desde la psicología, la medicina y la neurociencia. Desde la parálisis clínica hasta la supresión emocional; desde el trance hipnótico hasta los experimentos militares en control mental, creo que la naturaleza de esta quietud impuesta merece examinarse con detenimiento.

Para situar esta exploración, regresaré brevemente a un momento que ya he narrado —uno que ocurrió en 2020, dentro de mi propio garaje.

Cuando recuperé la consciencia, estaba suspendido sobre mis pies y mirando hacia abajo a un gris pequeño, iluminado por un rayo de luz que entraba por la ventana del garaje. Casi no sentía nada, ni física ni emocionalmente. Era como si mi único sentido funcional fueran los ojos. Aunque estaba casi desnudo, apenas percibía el aire frío de aquella noche de abril sobre mi piel. Cualquier cosa por debajo del cuello estaba paralizada. Lo más sorprendente era mi estado emocional: mi respuesta al miedo había desaparecido. Mi ritmo cardíaco no aumentaba, los vellos de mis brazos no se erizaban. No sentía pánico. Cuando el gris "me habló" telepáticamente, entendí el mensaje, pero no podía reflexionar sobre él. No podía formular una pregunta ni una respuesta. Mi capacidad mental de expresión estaba tan silenciada como mi sistema nervioso. Esta experiencia se volvería un tema recurrente en mi relación con los Grises.

PARALELOS EN LA CIENCIA Y LA MEDICINA

Lo que viví en aquel garaje —y en tantos otros encuentros— tiene rasgos que desafían una clasificación sencilla. Con el tiempo, empecé a notar que ciertos aspectos del trance comparten rasgos con condiciones conocidas en la investigación del sueño, la neuropsicología e incluso la anestesia. Ninguna encaja a la perfección, pero los solapamientos son reveladores.

PARÁLISIS DEL SUEÑO: LA EXPLICACIÓN QUE NO ENCAJA

La parálisis del sueño suele ser la explicación predilecta de los escépticos para descartar relatos de abducción. Implica una incapacidad temporal para moverse o hablar al quedarse dormido o al despertar, a menudo acompañada de alucinaciones o de la vívida sensación de una presencia en la habitación. Puede ser aterradora: la mente está alerta, pero el cuerpo permanece bloqueado por la atonía REM. Algunas personas describen figuras sombrías, un peso aplastante en el pecho o una sensación abrumadora de maldad. Es comprensible que esta explicación se aplique a relatos de abducción.

Según una revisión de 2011 en *Sleep Medicine Reviews*, la parálisis del sueño aislada ocurre en alrededor del 7,6% de la población general, con tasas más altas entre personas con TEPT o alteraciones del sueño. El fenómeno relacionado, la alucinación hipnopómpica —imágenes vívidas al despertar— se observa en aproximadamente el 12% y suele agruparse en la misma categoría.

Estos eventos pueden producir visiones desorientadoras, sensaciones de presencia o incluso sensaciones físicas; pero por lo general son breves, fragmentarios y van acompañados de la clara sensación de estar saliendo del sueño. En cambio, mis experiencias no se definían por la transición desde el sueño, sino por una inmovilización súbita e impuesta desde fuera cuando ya estaba despierto: una caída a un estado de calma paralizada sin lógica onírica ni somnolencia. No eran alucinaciones internas; eran invasiones observadas.

El antropólogo David J. Hufford, en su obra de referencia *The Terror That Comes in the Night*, documentó relatos interculturales de lo que llamó el fenómeno de la "Vieja Bruja" —parálisis del sueño combinada con asaltos alucinados por entidades. Hufford fue de los primeros en sugerir que no toda parálisis del sueño cabe en una caja psicológica: que algunos casos pueden reflejar experiencias anómalas reales, posiblemente con inteligencias no humanas. Lo llamó la "hipótesis de la fuente experiencial".

Yo nunca he sufrido la verdadera parálisis del sueño en el sentido médico tradicional —salvo algo cercano en 1994 con los cuatro grises—. Aquella mañana desperté paralizado, abrumado por el pánico, y luché con todo lo que tenía hasta romper el bloqueo. De algún modo lo conseguí. Los grises parecieron sorprendidos por mi resistencia y salieron de la habitación a toda prisa. Nada que ver con los estados de trance de mis abducciones posteriores: esos eran inquietantemente serenos. No hubo pánico, ni forcejeo: sólo una obediencia estéril que no me pertenecía. Precisamente esa ausencia de miedo —esa docilidad emocional— es lo que hace tan difícil de explicar el trance.

Whitley Strieber aborda esta distinción en *Communion*: aunque su cuerpo quedaba inmovilizado, la experiencia no se correspondía con ninguna parálisis ligada al sueño. «La parálisis del sueño —escribió— se caracteriza por el retorno inmediato del control. Esto no era así. Esto era un arrebato.» La claridad de su conciencia, la presencia de seres no humanos y los efectos posteriores apuntaban a algo más estructurado, más invasivo.

Budd Hopkins también rechazó el modelo de la parálisis del sueño. En *Missing Time* e *Intruders* documentó caso tras caso en los que la parálisis ocurría en plena vigilia —conducir, estar de pie, caminar—, a menudo a plena luz del día. No eran transiciones del sueño; eran capturas a mitad de actividad, demasiado consistentes —y quirúrgicas— para explicarse por un residuo onírico.

El Dr. David Jacobs fue más allá. Señaló que la parálisis del sueño suele terminar en segundos o pocos minutos; sin embargo, los abducidos reportan períodos prolongados de "tiempo perdido", marcas corporales, fatiga inusual o recuerdos implantados que emergen bajo hipnosis. Para él, la explicación de la parálisis del sueño es un mecanismo de defensa conveniente —para testigos e investigadores— que permite descartar lo que la mente consciente no logra integrar.

Si lo del garaje hubiera sido simple parálisis del sueño, yo habría estado congelado en mi cama. Pero no estaba en la cama. Estaba despierto, erguido y fuera de la casa. Y lo que siguió no fue el caos de una pesadilla, sino la quietud aséptica de otra cosa. No era la "Vieja Bruja" oprimiendo mi pecho. Era un encuentro controlado por un ser que no necesitaba asustarme... porque ya había extirpado la parte de mí que puede asustarse.

DISOCIACIÓN Y DESAPEGO EMOCIONAL

En psicología, la disociación es un estado en que una persona se separa de sus pensamientos, emociones, cuerpo o entorno. El DSM-5 describe los trastornos disociativos como una «disrupción o discontinuidad en la integración normal de la conciencia, la memoria, la identidad, la emoción, la percepción, la representación corporal, el control motor y la conducta». Es frecuente en supervivientes de traumas, especialmente con abuso crónico, violencia sexual o estrés severo.

La disociación funciona como salida de emergencia: la mente se distancia para protegerse de estímulos intolerables. En casos extremos incluye despersonalización (verse desde fuera) y desrealización (sentir el mundo irreal). La psiquiatra Daphne Simeon, coautora de *Feeling Unreal*, dice que puede sentirse como «ser espectador de la propia vida, como si se viera una película».

Ahí empieza el solapamiento con la abducción. La sensación de entumecimiento emocional, de observar pasivamente desde detrás de los ojos, es familiar a quienes han vivido disociación y a quienes han sufrido el trance impuesto en abducciones. Pero la diferencia es crucial: la disociación surge de dentro —es una respuesta defensiva de la psique—. Lo mío parecía impuesto desde fuera: como si algo hubiera entrado y apagado mi circuito emocional.

Bessel van der Kolk, en *The Body Keeps the Score*, observa que quienes han sufrido traumas «se desconectan de sus emociones para sobrevivir» y, al hacerlo, su cuerpo queda presente mientras su experiencia emocional se suprime. En mi caso, ese aplanamiento no venía de mí. No estaba respondiendo a un miedo creciente. No hubo miedo. El embotamiento no fue defensa: fue condición suministrada.

Esto importa. Los relatos de abducción describen sujetos plenamente conscientes pero extrañamente pasivos —viendo procedimientos, observando a los seres moverse en torno a ellos— y, aun así, emocionalmente inertes. Jacobs lo ha registrado repetidas veces: los abducidos rememoran con una indiferencia asombrosa, no porque repriman, sino porque alguien desactivó su capacidad de sentir en el momento.

En *Walking Among Us*, una mujer contó estar despierta en una camilla rodeada de seres mientras le introducían algo en el cuerpo; y su única respuesta emocional fue curiosidad. Ni miedo ni vergüenza. Sólo una curiosidad silenciosa. Ese apagado cognitivo —la desaparición de la voluntad— no lo explica el trauma por sí solo.

No hubo pánico que aplacar. No hubo terror creciente del que huir. El aplanamiento emocional no fue autoprotección; fue manipulación. Una fuerza externa no necesitó traumatizarme cuando podía apagar mi capacidad de sentir.

CONCIENCIA BAJO ANESTESIA: DESPIERTO PERO INMÓVIL

Existe un fenómeno médico menos conocido pero bien documentado: la conciencia intraoperatoria. El paciente permanece consciente durante la cirugía pero no puede moverse ni pedir ayuda. Paralizado por relajantes musculares, su cerebro está despierto e incluso puede sentir dolor. Algunos recuerdan sensaciones de flotación; otros, fragmentos de conversación. Muchos lo describen como una pesadilla viva, no tanto por el dolor como por la indefensión.

Según *Anesthesiology* (Ghoneim & Block, 1997), ocurre en 1–2 de cada 1.000 pacientes con anestesia general. Aunque raro, su impacto psicológico puede ser duradero.

Ese es el paralelo médico más cercano a mi trance. Pero en mi caso no había hospital, ni equipo quirúrgico, ni cóctel anestésico. Yo estaba despierto, consciente, paralizado... y emocionalmente silenciado. La insensibilidad no fue un error médico: se sintió diseñada. Una configuración precisa de la conciencia ajustada con un propósito.

También he pasado por sedación clínica —una colonoscopia con propofol— y recuerdo lo rápido que llegó la inconsciencia tras la inyección. No oía voces, pero sí los pitidos de los equipos: incluso bajo sedación, algo sensorial se filtra. Es turbio, onírico. No hay lucidez ni presencia, y al despertar uno está aturdido. Todo ello fue limpio, médico, pero nada parecido a lo que viví con los Grises. Su versión de la parálisis no estaba empañada por químicos: era cristalina. Yo no estaba sedado. Estaba desconectado.

Strieber, en *Transformation*, relata procedimientos sufridos estando consciente, y sin embargo extrañamente sin miedo. «No me sentía víctima —escribió—. No sentía casi nada. Observaba lo que me hacían, y era... clínico.» Esa palabra me persigue: *clínico*. Como si, además del dolor, hubieran desactivado los mecanismos emocionales que hacen humana la experiencia.

HIPNOSIS: TRANCE VOLUNTARIO, SUJETO INVOLUNTARIO

La hipnosis es quizá el paralelo más fascinante —y el más inquietante—. Bajo hipnosis, el sujeto entra en un estado focalizado y sugestionable en el que se pueden recuperar memorias, alterar percepciones e incluso bloquear el dolor. Puede no recordar lo dicho o hecho, o acceder a recuerdos vívidos. Pero la hipnosis, tal como se entiende en terapia o espectáculo, requiere cooperación. El sujeto *acepta* entrar y, por lo general, *puede* salir.

El psiquiatra David Spiegel (Stanford) ha mostrado que la hipnosis implica «un cambio en la actividad cerebral que reduce la influencia de los sistemas ejecutivos de control», especialmente en la corteza prefrontal dorsolateral. Se reduce la conectividad con la red de saliencia: en términos simples, el cerebro deja de cuestionar y se vuelve más receptivo a la sugestión.

Aun así, sigue siendo un acto colaborativo. Funciona cuando el sujeto lo permite.

Lo mío se parecía a la hipnosis, sí, pero sin consentimiento. Mi cuerpo estaba inmóvil, mi atención estrechada y mi memoria se volvía turbia o fragmentaria. Un trance, sí —pero *impuesto* por algo más preciso que la sugestión. No hubo voz que me guiara, ni ritmo, ni cuenta atrás. Un instante estaba presente; al siguiente, *retenido* — como si algo más allá de nuestra hipnosis hubiera entrado y accionado los interruptores.

Milton Erickson definió la hipnosis como «un estado psicológico especial con ciertos atributos fisiológicos, semejante al sueño sólo superficialmente, caracterizado por un funcionamiento a un nivel de conciencia distinto del ordinario». Estoy de acuerdo. Pero lo mío no fue un estado alterno elegido por mí. Fue aplicado. No inducido; forzado.

En cierto sentido, fue como hipnosis... pero perfeccionada: no una práctica, sino una tecnología. No un trance guiado, sino una *anulación neural*. Sin herramientas visibles ni estímulos detectables; y, sin embargo, mi espectro emocional colapsó, mis pensamientos se aplanaron, mi voluntad se evaporó. No era sugestionabilidad. Era *cumplimiento* incorporado a la estructura del momento.

EL SILENCIO EMOCIONAL

De todos los componentes del trance, el más difícil de explicar —y el más duro de vivir— es la ausencia de miedo. Durante mis encuentros, incluso frente a lo desconocido, vulnerable y rodeado de entidades no humanas, no hubo pánico. No hubo ese impulso instintivo que debería disparar un grito o una lucha.

En su lugar, había un vacío emocional: una quietud tan completa que parecía inhumana. No resistí porque no pude: no por ataduras físicas, sino porque la voluntad de resistir había sido desconectada. Cuesta imaginarlo si no se ha vivido. No es un entumecimiento nacido del shock; es un entumecimiento *diseñado*.

En psiquiatría, el *afecto plano* describe pacientes que muestran poca o ninguna emoción, por lesión cerebral o trastornos como la esquizofrenia. Pero incluso ahí suele haber desorientación o disfunción. Lo mío era fríamente funcional: la capacidad de sentir había sido silenciada quirúrgicamente, mientras mi conciencia seguía nítida.

Ese silencio emocional iba acompañado de una claridad de observación. Podía ver y recordar detalles. Estaba mentalmente presente, sólo que no emocionalmente. Es como si hubieran desactivado sólo lo necesario para volverme manejable: pánico, enfado, desafío. El resto quedaba intacto para que yo cumpliera, observara y quizá procesara lo que querían que presenciara.

Jacobs ha escrito extensamente sobre esto: muchos abducidos describen sus vivencias con un tono llamativamente plano. No es represión; es resultado de un estado mental impuesto. En un caso, una mujer relató estar rodeada de seres mientras le introducían algo... y su única respuesta fue curiosidad. Strieber habló de «un aquietamiento del alma», hasta preguntarse si lo habría hecho él mismo... o si *ellos* se lo hicieron.

¿Qué dice eso de *ellos*? Si pueden suprimir el miedo sin apagar la conciencia, nos entienden a un nivel muy por encima de lo que nosotros replicamos. Y sugiere algo inquietante: ¿y si quieren que estemos *conscientes* —sólo que no *resistentes*? ¿Si el objetivo no es dejarnos inconscientes, sino permitirnos ver y recordar lo justo, sin darnos las herramientas emocionales para luchar?

Ese silencio no es misericordia. Es control. Y en cierto modo es la invasión más profunda: no robar un cuerpo, sino borrar en silencio la mismidad, emoción por emoción.

LA IMPLICACIÓN DEL CONTROL

El estado de trance, con todas sus variantes, apunta a una conclusión ineludible: el *control* es el punto. No sólo del movimiento, sino de la emoción, la percepción y la voluntad. Los Grises no sólo inmovilizan: desarman, neurológica y psicológicamente. Y lo hacen sin correas, sin sedación, sin lucha. Eso es lo más revelador.

Hay algo quirúrgico en cómo lo hacen, como si supieran qué interruptores cognitivos hay que accionar para volver dócil a un humano —no dormido, no drogado, sino *callado*. No implica sólo familiaridad con nuestra neurología, sino *maestría* operativa. Saben qué suprimir. Saben aislar la conciencia de la emoción y silenciar el *fight-or-flight* sin silenciar la conciencia.

En 1969, la RAND Corporation publicó *UFOs: What to Do?*, especulando sobre implicaciones psicológicas de escenarios de contacto. Con lenguaje académico, admitían la posibilidad de que el «control sobre la percepción y la conducta» fuera rasgo definitorio de una inteligencia no humana. Una rara franqueza institucional que encaja incómodamente con lo que relatan los abducidos.

Jacobs ha señalado que los Grises rara vez pierden tiempo en sujeciones o sedantes porque no los necesitan: una vez que el sujeto está en trance, la resistencia desaparece. El *deseo* de resistir desaparece. No es sólo parálisis; es cumplimiento mental programado. Y eso implica una comprensión íntima de nosotros.

Más inquietante aún: no necesitan convencer ni coaccionar. Una vez empieza el trance, el acatamiento es automático. No hay monólogo interior gritando por libertad. No hay conflicto moral ni protesta mental. No paralizan sólo el cuerpo: borran el impulso de objetar. En ese sentido, el trance no es sólo herramienta de abducción: es método de dominio. Una *posesión* no violenta.

Strieber, en *The Key*, especuló que los visitantes habían aprendido a interactuar directamente con el sistema nervioso humano —no a través de máquinas, sino mediante la conciencia misma—. «¿Y si no usan herramientas porque *son* la herramienta?» Esa idea me persigue: que sus mentes sean el mecanismo del control, sin brecha entre voluntad y efecto.

Y funciona. Yo estuve ahí. Lo vi ocurrir desde dentro de mi propio cuerpo, y no hice nada. No por falta de valor, sino por falta de permiso para ser yo. Ese permiso había sido revocado. Mi mente no estaba dormida: estaba *tomada* —suavemente, clínicamente, por completo—.

VOLVER DEL TRANCE

Salir del trance no es algo que haya logrado por mí mismo. No hay recuperación gradual de sensación o emoción, no hay hormigueo ni asomo lento a la superficie como al despertar. La transición es instantánea y absoluta... porque no la hago yo.

Estoy consciente cuando me necesitan consciente y dejo de estarlo cuando terminan. Ese es el patrón. No hay estados intermedios ni control por mi parte. Un momento estoy ahí, paralizado pero observando; al siguiente despierto en casa sin memoria de cómo llegué, con la certidumbre de haber estado en otro lugar, utilizado para algo que no comprendo.

Hopkins, en *Witnessed*, describió casos en que los abducidos "despertaban" en lugares extraños antes de ser devueltos a la cama, sin recuerdo del transporte. Muchos sólo recordaban dos láminas de conciencia: el momento de la toma y el del retorno. El resto era vacío.

Para mí, el retraso emocional era igual de llamativo. A veces salía sin sentir nada —ni siquiera miedo—. Como si el volumen emocional hubiera sido puesto en cero y nadie lo hubiera subido. En ocasiones tardaba horas o días en volver a sentirme real, en poder dolerme o nombrar lo vivido.

Ese retardo plantea preguntas incómodas: ¿qué más se retardó? ¿Se estaban formando recuerdos para luego borrarse? ¿Se restauró sólo una parte de la percepción? ¿Y si lo sustancial —o lo más profundo— sucedió en los huecos, en lo que no me permiten conservar?

Jacobs ha subrayado el mismo patrón: memorias deliberadamente excluidas del acceso consciente, no bloqueadas por trauma, sino *barridas* por el fenómeno. En algunos casos, «se sienten ausentes en tiempo real», como si el testigo viera su percepción siendo moldeada y recortada como película en una moviola.

No se siente como despertar. Se siente como ser *devuelto*. Como si alguien me hubiera tomado prestado —conciencia, cuerpo, identidad— y me reintegrara sólo cuando ya no me necesita. Y a veces me pregunto: ¿volví entero? ¿O una parte de mí sigue allí, detenida en aquel silencio, mirando aún, retenida?

¿PODRÍAMOS REPLICAR EL TRANCE?

Si dejamos de lado quién o qué está detrás y miramos sólo la *mecánica*, surge una pregunta inevitable: ¿podríamos replicarlo? ¿Podría la ciencia moderna —o alguna rama clandestina— inducir la misma parálisis total, supresión emocional y conciencia afinada que he vivido?

A primera vista, parece improbable. Pero al examinar el estado actual de la neurociencia, la farmacología y la investigación en control mental, la respuesta se vuelve incómoda: *no exactamente... pero estamos alarmantemente cerca.*

En clínica ya inmovilizamos el cuerpo sin afectar la conciencia: bloqueadores neuromusculares como la succinilcolina paralizan músculos esqueléticos. Si se administran sin sedación adecuada —por accidente o negligencia— el resultado es una persona plenamente consciente y completamente paralizada, incapaz de gritar, gesticular o escapar. Es una forma devastadora —aunque rara— de fallo anestésico.

Más recientemente, técnicas no invasivas como la Estimulación Magnética Transcraneal (TMS) muestran que es posible interferir directamente con la actividad cerebral mediante pulsos magnéticos. Al dirigir áreas específicas de la corteza motora, se puede impedir el movimiento voluntario de extremidades —como apagar segmentos de agencia dejando intacta la conciencia. Tiene aplicaciones terapéuticas; pero la implicación es más honda: si podemos interrumpir el movimiento con precisión, ¿qué tan lejos estamos de suprimir *la intención*?

En el dominio emocional ya manejamos fármacos capaces de acallar los instintos de supervivencia. La ketamina disocia emoción de percepción, permitiendo observar el trauma con desapego. El midazolam causa amnesia anterógrada: el sujeto puede seguir órdenes y realizar tareas que jamás recordará. El propranolol atenúa la respuesta fisiológica del terror. Combine efectos —disociación, amnesia, embotamiento afectivo— y se obtiene algo muy próximo al método de control de los Grises. Pero siguen siendo herramientas de "fuerza bruta". Inundan el sistema, no afinan circuitos. Mi trance no se sentía drogado: se sentía *diseñado*. Permitía observar, extirpando sólo lo inconveniente —emoción, resistencia, identidad—. Lo demás quedaba funcional.

También está la influencia por frecuencias: los *binaural beats* pueden modular estados de ondas cerebrales; las ondas theta, asociadas al trance y a la meditación profunda, pueden inducirse manipulando el sonido. Los campos electromagnéticos pulsados se han probado para alterar el ánimo, el sueño e incluso la cognición a corto plazo. No son teorías: son experimentos publicados, algunos bajo el paraguas de tecnologías de defensa "no letales".

Durante la Guerra Fría, EE. UU. y la URSS invirtieron en manipulación mental. El tristemente célebre MK-Ultra exploró LSD, privación sensorial, aislamiento, hipnosis y trauma como herramientas de control. Aunque se destruyó gran parte del archivo, lo que queda revela una ambición escalofriante: observar, alterar o borrar a un sujeto humano, con o sin su conciencia. No es ciencia ficción; es historia.

Replicar lo que viví exigiría una *fusión* de técnicas: anular función motora de forma remota; suprimir la reactividad emocional sin sedación; bloquear memoria selectivamente preservando la lucidez; y, quizá lo más inquietante, devolver al sujeto a la normalidad sin huella externa: sin cicatrices, sin resaca de sedación, sin parpadeo ante la luz.

La experiencia no se sentía como resultado de *experimentación*. Se sentía como *producto de maestría*. Los Grises conocen cómo funcionamos —neurológica, psicológica, espiritualmente—. No se limitan a controlarnos físicamente. Aíslan y desconectan lo que nos hace "nosotros". Bordean los cortafuegos del alma como si fueran obsoletos. No necesitan cables, ataduras ni drogas. Ni siquiera comandos verbales. Su método parece más íntimo: un lenguaje directo con la interfaz entre conciencia y biología.

No es magia. Es tecnología. Tal vez biológica, tal vez electromagnética, quizá algo que baila en el borde de la interacción cuántica. Pero es real. Funciona. Y, en principio, podría estudiarse, retro-ingenierizarse o replicarse... suponiendo que no se haya hecho ya.

REFLEXIÓN Y ESPECULACIÓN

A menudo me pregunto por qué el trance está tan subrepresentado en la literatura de abducción. Tal vez porque no se presta al dramatismo: no hay gritos, ni forcejeos, ni correas rotas. Y, sin embargo, para mí sigue siendo lo más inquietante. No los procedimientos. No los seres. No lo sustraído. Sino el robo silencioso del *yo*.

Estar consciente sin emoción; estar despierto sin agencia; existir en suspensión —ni muerto, ni soñando, ni vivo en el sentido usual—. Y el hecho de que este estado pueda imponerse desde fuera —no como efecto colateral, sino como parte del diseño— me dice más sobre la inteligencia detrás de estos encuentros que casi cualquier otra cosa.

Quienquiera que sean, han dominado *nuestra* interfaz. Entran en la mente no por palabras o persuasión, sino por manipulación directa. No necesitan pedir cumplimiento. Eliminan la parte que se negaría. Y al hacerlo, convierten a un ser humano en algo más cercano a un dispositivo: despierto, consciente, listo para ser operado.

Y aquí está lo que no me suelta: no tuve miedo. Debería haberlo tenido. La parte de mí que debería haber protestado —ese grito primario de soberanía— había sido silenciada con precisión. Eso sugiere algo más que manipulación física: una forma de *posesión sin fuerza*. Los Grises no necesitan *vencer*. *Sobrescriben*.

A veces me pregunto si el trance es sólo un medio para un fin —una herramienta necesaria para manejar al sujeto durante los procedimientos—, o si es algo más: una manera de estudiar la conciencia misma. Observar qué sucede cuando se aísla la conciencia de la emoción, cuando se separa la agencia de la percepción. Tal vez no sólo nos usan: tal vez observan qué nos ocurre cuando el alma es apartada con suavidad.

Si es así, estos encuentros no son sólo físicos: son experimentos con la conciencia. Cada vez que me arrastran a ese estado silente y anestesiado, no soy sólo sujeto de estudio: paso a formar parte de una pregunta mayor: ¿Qué somos, en realidad, cuando se nos sustrae toda elección? ¿Cuándo el cuerpo está presente pero el yo queda reducido a un susurro?

Y, si tal estado es posible, ¿qué dice de nosotros... o de ellos?

El trance deja un residuo extraño. No exactamente trauma. Más bien *desplazamiento*: la sensación de haber sido habitado, pilotado o archivado. De que alguien me tomó prestado un tiempo y, al devolverme, quedé ligeramente desajustado. Cargo con esa conciencia: mi cuerpo puede ser secuestrado, mis pensamientos suspendidos, mi esencia filtrada por el lente de otro.

Reta todo lo que asumimos sobre individualidad. Sobre libre albedrío. Sobre qué significa "estar presente". Si otro puede acceder al sistema operativo de tu mente —apagar las partes que definen quién eres—, ¿dónde empiezas y dónde terminas?

Quizá eso estudian de verdad. No sólo el cuerpo. No sólo la mente. Sino la frontera entre ambos... y lo que titila en medio. Eso que llamamos alma. Eso que quizá no poseen del todo.

Tal vez no sólo quieran examinarla. Tal vez quieran saber cómo se *siente* estar dentro de ella.

18

CUANDO LA FE Y LA HISTORIA COLISIONAN

Hasta este punto he hablado de mis encuentros de abducción y de las experiencias de mi madre que se remontan a la década de 1950, y he abordado cada tema en un plano más amplio, ya que estos fenómenos son extensos y generacionales. En los últimos cinco años he tenido mucho tiempo para reflexionar y meditar sobre cómo estas experiencias se relacionan con mi visión del mundo y mis creencias personales. Como parte de mi necesidad de entender por qué ocurrían estos incidentes y por qué fui elegido para lo que ahora comprendo como el programa de cría de los Greys, comencé a investigar el fenómeno de las abducciones y su historia. Un recurso informativo me llevó a otro, lo que me condujo al tema de la "Teoría de los Antiguos Astronautas", según la cual una abundancia de evidencias históricas y arqueológicas sugiere que la humanidad ha interactuado con —y ha sido influida por— seres extraterrestres desde hace decenas de miles de años.

Ahora quisiera exponer cómo estas experiencias y mi investigación han influido en lo que creo: sobre la humanidad, nuestros orígenes y la religión en la que fui educado. Porque ya no soy el mismo. Estas preguntas no me alejaron de la fe: cambiaron su forma.

Y aun cuando estas revelaciones deshilvanaban la fe con la que crecí, jamás dejé de creer en una inteligencia superior. De hecho, cuanto más aprendía —cuanto más veía la precisión de la naturaleza, la estructura de la conciencia, la exquisita relación causa-efecto en cada aspecto de nuestras vidas—, más convencido quedaba de que el universo es producto de un diseño. No "divino" en el modo en que me enseñó la Biblia, sino intencional. Vivo de propósito.

Ya no creo en un Dios antropomorfo —una figura barbuda en el cielo repartiendo bendiciones o castigos con base en listas morales. Esa idea ahora me parece demasiado pequeña. Pero sí creo en una inteligencia creativa —algo vasto y autoconsciente— que puso este universo en marcha con leyes tan elegantes como la gravedad y tan sutiles como el karma.

En ese sentido, la oración mantiene valor para mí —no como súplica a una deidad distante, sino como un acto de alineación. Creo que el mecanismo subyacente de nuestra realidad responde a la intención, la emoción y la vibración. El pensamiento, en especial cuando se enfoca mediante la gratitud o el anhelo, parece tener cualidad direccional. Lo llamamos "Ley de Atracción" u otra cosa, he llegado a creer que nuestro mundo interior es reflejado por el exterior —no siempre de manera literal, pero sí en formas profundamente simbólicas.

Esa comprensión me ayudó a conservar una especie de fe— aunque ya no esté anclada a la escritura. Sigo sintiendo reverencia. Sigo percibiendo que hay más allá de este mundo material de lo que podemos ver o medir. Pero ahora sospecho que aquello que los antiguos profetas llamaron "Dios" quizá fue otra cosa por completo: algo más cercano a lo que hoy llamamos "ellos".

Si Abraham condensó el panteón de los Anunnaki en una deidad única y todopoderosa —si las historias de ira divina, milagros y linajes elegidos fueron interpretaciones de una interacción extraterrestre—, entonces nuestras tradiciones religiosas podrían ser la memoria fosilizada de un tipo de contacto muy distinto. Uno que nunca trató de cielo e infierno, sino de linaje y de control.

Y aun así, detrás de los Greys y de los Anunnaki, creo que existe algo mayor. Algo que trasciende la biología, la tecnología e incluso el tiempo. Una conciencia que engendra galaxias. Una fuerza que no tiene favoritos, pero diseña leyes para regir el equilibrio. No se halla en los mandamientos: se encuentra en la causa y la consecuencia. En lo que creamos y en lo que llegamos a ser.

Ahí deposito ahora mi fe. No en los dioses de los hombres, sino en la inteligencia detrás de las estrellas.

UNA FE ANTES INCUESTIONADA

Me crié en un hogar cristiano, con la fe entretejida en el tejido de mi educación. Mi madre y mi padre eran cristianos protestantes, y todos los domingos por la mañana nuestra familia asistía a la First Congregational Church en Des Plaines, Illinois, parte de la United Church of Christ. Era más que una obligación semanal; era el fundamento de nuestros valores, nuestra moral y nuestra comprensión del universo.

De niño, pasé cada domingo en la escuela dominical, absorbiendo las enseñanzas del Antiguo y del Nuevo Testamento, tal como mis padres antes que yo. A los 15 años completé mi confirmación y fui bautizado como seguidor de Cristo. El cristianismo no era simplemente un sistema de creencias al que me suscribía: era el lente mismo con el que entendía la vida, la muerte y el sentido de la existencia. Ese lente brindaba consuelo. Recuerdo estar sentado en las bancas durante el servicio, la luz del sol filtrándose por vitrales mientras el órgano de tubos llenaba el santuario con su sonido. Las historias eran antiguas, pero se sentían cercanas: parte de una tradición viva que había moldeado cada parte de mi identidad. Dios no era solo una idea; era una presencia. Un ancla. Una certeza. Cuando oraba, creía que alguien escuchaba. Cuando dudaba de mí mismo, creía que Él tenía un plan.

Durante la preparatoria y por muchos años después, estuve profundamente involucrado en la iglesia. Serví en el coro, cantando cada domingo, llenando el santuario con himnos entonados por generaciones antes de mí. Incluso después de terminar la escuela, volvía al coro cada temporada navideña durante veinte años. Mi fe era una "constante" para mí. No tenía razones para cuestionar las historias transmitidas en la Escritura, ni para dudar que los hechos narrados en la Biblia fueran verdad divina. Nunca sentí necesidad de comparar esas historias con nada más —¿para qué? Eran autocontenidas, completas. En nuestras lecciones dominicales no se hablaba de antiguos astronautas ni de ingeniería genética. Sugerir que los "milagros" de la Biblia pudieran ser tecnologías mal entendidas habría sonado herético. Impensable. En aquellos años, el concepto de Dios y las historias de la Escritura eran inseparables: dos caras de la misma verdad sagrada.

Todo eso comenzó a cambiar en 2020. No sucedió de golpe. Al principio fue solo incomodidad: una disonancia silenciosa entre lo que estaba experimentando y lo que mi fe me había enseñado a esperar. Intenté sostener ambas cosas. Quería que los encuentros encajaran en el marco con el que había crecido. Pero no encajaban. Los Greys no hablaban en parábolas ni irradiaban luz divina. No eran ángeles ni demonios. Eran clínicos, precisos e indiferentes a las reglas que yo creía que regían el mundo espiritual.

A medida que empecé a recordar más de mis experiencias de abducción, surgieron preguntas —preguntas imposibles de ignorar. Tuve que confrontar no solo lo que me estaba sucediendo, sino lo que ello implicaba sobre el mundo que creía entender. La realidad del contacto extraterrestre chocaba con la fe en la que me había criado. No pude reconciliar ambas cosas sin indagar más.

Cuando empecé a investigar la teoría de los antiguos astronautas, comprendí que estos seres habían estado aquí desde hacía mucho —mucho antes del nacimiento de la civilización moderna. Si extraterrestres han interactuado con la humanidad por decenas de miles de años, ¿cuánto de lo que llamamos "historia" fue influido por su presencia? ¿Cuántos de nuestros textos religiosos fueron moldeados por encuentros que los primeros humanos solo podían interpretar en el lenguaje de dioses y milagros?

Fue entonces cuando comencé a reexaminar las historias de mi fe, no como revelaciones divinas sino como posibles registros de contacto —malentendidos y reescritos a través del lente de pueblos antiguos. Y, a medida que estudiaba más, me quedó claro que las raíces del Antiguo Testamento se extendían mucho más allá de Israel, más allá de Moisés, incluso más allá de Abraham. Se adentraban profundamente en la civilización sumeria, en textos escritos miles de años antes de la Biblia, textos que reflejaban los relatos de la creación y del diluvio que yo había tomado por verdad.

¿Cuánto de la historia humana ha sido alterado por su intervención? ¿Cuántas de nuestras creencias más antiguas fueron moldeadas por interacciones con algo no terrestre? Al profundizar, mi perspectiva siguió desplazándose hasta llevarme a replantear el fundamento mismo de mi fe —lo cual me conduce a una pregunta importante:

¿Cuáles fueron los orígenes de nuestras historias religiosas? Y, más aún... ¿quién nos las dio?

REESCRIBIENDO LOS ORÍGENES DE LA FE

Durante gran parte de mi vida, como tantos otros, vi el relato judeocristiano de la creación como el cimiento de la historia humana. El Jardín del Edén, el Diluvio de Noé, la Torre de Babel: eran relatos antiguos de intervención divina que guiaban el curso de la civilización por la voluntad de un Dios omnipotente y todopoderoso.

Pero conforme se intensificaron mis encuentros con los Greys, empecé a cuestionar la naturaleza misma de la intervención divina. ¿Y si Dios —o, al menos, los "dioses" de los textos antiguos— nunca fue una sola deidad todopoderosa, sino un grupo de seres extraterrestres avanzados que desempeñaron un papel directo al guiar, modificar y preservar selectivamente segmentos de la raza humana?

Cuanto más investigaba, más veía que nuestros textos religiosos no son únicos. El Antiguo Testamento no existe en el vacío: muchas de sus historias más icónicas tienen contrapartes más antiguas y casi idénticas en la mitología sumeria, que datan de miles de años antes de que se escribiera la Biblia hebrea.

Tomemos a Abraham, el patriarca fundador del judaísmo, el cristianismo y el islam. No era originalmente hebreo. Era sumerio, de la gran ciudad de Ur, uno de los primeros centros de la civilización humana. Si Abraham llevó consigo sus tradiciones orales cuando dejó Sumer, entonces el relato de la creación y la narrativa del diluvio no se originaron en Yahvé, sino en los dioses sumerios: los Anunnaki.

Para los sumerios, los Anunnaki eran los "dioses" que descendieron del cielo, crearon a la humanidad y gobernaron sobre ella. Pero para quienes hemos experimentado abducciones, extracción genética y tiempo perdido, los Anunnaki guardan una semejanza inquietante con los extraterrestres descritos por abducidos de todo el mundo.

EL MITO DE LA CREACIÓN: ENUMA ELISH

La historia de la creación del Génesis guarda similitudes notables con el **Enuma Elish**, el mito babilonio-sumerio de la creación, escrito en siete tablillas de arcilla alrededor de 1750 a. C., aunque se cree que el relato es más antiguo, con raíces sumerias.

Según el Enuma Elish, antes de que existiera el mundo solo había un estado primordial caótico regido por las aguas cósmicas Apsu y Tiamat. Con el tiempo surgió una nueva generación de dioses, entre ellos Enki y Marduk, que se alzaron contra las deidades primordiales. A través de un proceso de conflicto y creación —evocador de una manipulación genética como la descrita en algunos relatos de abducción— Marduk derrota a Tiamat y usa sus restos para formar los cielos, la tierra y a la propia humanidad.

Compárese con el Génesis, donde la forma informe es moldeada por mandato divino y la humanidad es creada a imagen de un ser supremo. Pero en los relatos sumerios, los humanos no fueron creados como hijos divinos, sino como siervos de los dioses —seres diseñados para el trabajo. Sin embargo, los Anunnaki no crearon a los humanos como autómatas sin mente. En el **Atra-Hasis**, Enki y Ninhursag declaran: "Que el hombre lleve la imagen de los dioses", espejo de la frase bíblica "Hagamos al hombre a nuestra imagen". Del mismo modo, en el Enuma Elish, tras dar muerte a Kingu, los dioses proclaman: "De su sangre creemos a la humanidad a semejanza de los dioses". Y, aun así, pese a haber sido hechos a su imagen, los humanos no fueron creados para compartir el gobierno divino, sino para servir: formados de la esencia de los dioses, pero atados al trabajo. Esto se alinea con teorías que sugieren que la humanidad fue "ingenierizada" por una especie avanzada —no para reinar, sino para servir a quienes nos crearon.

LA HISTORIA DEL DILUVIO: LA EPOPEYA DE GILGAMESH

El relato del Arca de Noé también se origina en la tradición sumeria, en la **tablilla XI** de la **Epopeya de Gilgamesh**, una de las obras escritas más antiguas que se conocen, con al menos 4.000 años de antigüedad (aunque los eventos quizá se remonten al final del Younger Dryas, cuando terminó la glaciación).

En esa versión, el héroe sumerio **Ziusudra** (llamado después **Utnapishtim** en la reelaboración acadia) es advertido por el dios Enki de que se avecina un gran diluvio para aniquilar a la humanidad. Se le ordena construir una enorme embarcación, reunir animales y preservar la vida. Tras bajar las aguas, suelta un ave para buscar tierra firme: una secuencia casi idéntica a la historia de Noé en el Génesis.

Pero ¿por qué querían los dioses sumerios aniquilar a la humanidad? Los textos sugieren que los hombres se habían vuelto demasiado numerosos, demasiado ruidosos y difíciles de controlar. Si esto suena inquietantemente familiar es porque justificaciones similares se han usado en teorías modernas sobre control poblacional e integración híbrida.

¿Pudo este Gran Diluvio ser un evento **ingenierizado** —un intento extraterrestre de reiniciar la civilización humana, preservando solo una pequeña muestra genética considerada digna de sobrevivir?

EL PAPEL DE LOS ANUNNAKI EN EL DESARROLLO HUMANO

Los dioses sumerios —Enki, Enlil y los Anunnaki— no se describían como entidades espirituales distantes, sino como seres que caminaban entre los humanos, interactuaban con ellos y dictaban el curso de la civilización.

Enki era el dios del conocimiento y la creación, a menudo protector de la humanidad —quien desafía a los otros advirtiendo a Ziusudra sobre el diluvio—. **Enlil** era el dios de la tormenta, con frecuencia representado como ejecutor de la voluntad divina —similar al Dios iracundo del Antiguo Testamento—. Los **Anunnaki**, cuyo nombre significa "los que del cielo a la tierra vinieron", eran los gobernantes celestes que guiaban, manipulaban y, en ocasiones, intervenían directamente en los asuntos humanos.

Si Abraham llevó consigo estas historias al abandonar Ur, entonces los libros del Antiguo Testamento no son el origen de estas ideas: son una versión posterior de una narrativa extraterrestre más antigua.

¿Y LOS RELATOS POSTERIORES? EL ÉXODO BAJO OTRA LUZ

Si los Greys han estado influyendo en la civilización humana por milenios, guiando a ciertas poblaciones mientras manipulan sutilmente la historia para ajustarla a su agenda, entonces el **Éxodo** de los israelitas de Egipto puede contemplarse de un modo totalmente nuevo.

Tradicionalmente, el Éxodo se cuenta como intervención divina: Dios elige a Moisés como mensajero, envía una serie de plagas para quebrar la voluntad del faraón y conduce a su "pueblo elegido" hacia la Tierra Prometida. Pero ¿y si ese evento no fue obra de una deidad omnipotente en el sentido común de los creyentes, sino la intervención deliberada de seres extraterrestres para preservar un linaje genético específico?

En aquella época, Egipto era un crisol —un imperio poderoso que absorbía gentes de todo el mundo conocido—. Los israelitas, viviendo entre ellos, corrían el riesgo de mezclarse con otras líneas genéticas, diluyendo potencialmente los rasgos que los Greys estuvieran curando selectivamente. Si los Greys tenían interés en mantener a este grupo lo más homogéneo posible, tendría sentido que actuaran para extraerlos de un entorno multiétnico y aislarlos en otro lugar.

El libro del Éxodo describe una serie de plagas diseñadas para paralizar la infraestructura de Egipto. La primera volvió sangre las aguas del Nilo, algo que podría explicarse por una floración algal tóxica o una contaminación biológica —quizá introducida artificialmente—. Le siguieron ranas, piojos y moscas, todo lo cual concuerda con perturbaciones ecológicas derivadas de manipular el suministro de agua o el clima. Luego vinieron enfermedades que afectaron a ganado y humanos, propagándose con precisión. Si los Greys poseen tecnología biológica avanzada, estas plagas pudieron ser patógenos dirigidos para debilitar al estado egipcio mientras se preservaba a Israel.

Las plagas escalaron. **Granizo y fuego** cayeron del cielo —posible manipulación atmosférica o ataque de energía dirigida—. Y luego la más sobrecogedora: la **muerte de los primogénitos**. Esto sugiere una guerra biológica selectiva capaz de atacar por marcador genético, edad u orden de nacimiento. El hecho de afectar a los primogénitos mientras los israelitas permanecían indemnes plantea la posibilidad de una intervención de altísima sofisticación genética.

Una vez liberados, su huida fue guiada por una "**columna de nube de día y de fuego de noche**". La imagen recuerda inquietantemente a una **nave aérea** conduciendo a la multitud por el desierto con un sistema de propulsión incomprensible para la época. Luego vino la **apertura del Mar Rojo**, un milagro bíblico que también podría explicarse por manipulación gravitatoria o electromagnética, desplazando temporalmente las aguas para permitir el paso. Si los Greys son capaces de alterar entornos físicos, tal evento estaría dentro de sus posibilidades.

¿Por qué intervinieron? El Éxodo no fue solo una fuga de la esclavitud; fue una **migración orquestada**, extrayendo a un grupo específico de un imperio denso y multiétnico para situarlo en un entorno controlado donde su pureza genética pudiera mantenerse. Y ya en el desierto, no quedaron a la deriva. Recibieron un conjunto rígido de leyes y costumbres —regulaciones dietarias y sociales estrictas— que desalentaban la mezcla con otras culturas. Si el objetivo era cultivar un linaje concreto, esas leyes pudieron funcionar como **condicionamiento conductual** para mantener el aislamiento.

Bajo este marco especulativo, el Éxodo podría ser solo una de muchas intervenciones diseñadas para moldear la historia humana. La **vigilancia genética, programas de cría e hibridación** que vemos hoy no serían recientes, sino la continuación de un proceso de miles de años. Si los israelitas fueron guiados, manipulados y aislados por su singularidad genética, ¿cuántas otras civilizaciones han sido influidas de formas semejantes? ¿Cuántas lo son ahora?

CÓMO SE ENLAZA CON MIS EXPERIENCIAS

Durante milenios, los humanos han creído ser guiados por fuerzas divinas. Pero tras décadas de experiencias personales —abducciones, comunicación telepática, extracciones genéticas y memorias-pantalla programadas— empecé a preguntarme si las fuerzas que moldean la historia humana nunca fueron del todo divinas.

Quizá el Dios bíblico al que tantos han adorado haya sido solo **una facción** de una antigua raza extraterrestre, interesada en un pool genético específico que buscó preservar y modificar a lo largo del tiempo.

Si es así, los Greys de hoy podrían ser la **siguiente generación** de esos mismos seres, continuando un experimento en marcha desde hace milenios.

¿Seguimos siendo preservados, manipulados y vigilados tal como describieron los antiguos sumerios? Si la historia se repite, la humanidad podría estar al borde de otra **transición ingenierizada**.

Si los Greys están continuando un proyecto iniciado por seres que alguna vez fueron adorados como dioses, entonces lo que hemos llamado fe quizá siempre haya sido, en parte, un intento de dar sentido al **contacto**. Los pueblos antiguos no tenían un marco para la tecnología, la intervención genética o el control mental. Tenían historias: tradiciones orales transmitidas como mito, Escritura y, con el tiempo, canon. Pero tras la poesía y la parábola puede haber algo mucho más literal: una **historia de manipulación** disfrazada de divinidad.

Y, sin embargo, pese a todo lo descubierto, hay una parte de mí que cree que existe algo más allá de estas intervenciones —algo más profundo incluso que los Greys. No creo que el universo esté gobernado solo por ingenieros biológicos o recolectores de datos. Creo en el **alma**, y creo que el alma **precede** al cuerpo. Creo que las leyes que nos gobiernan —karma, sincronicidad, el espejo entre pensamiento y resultado— son demasiado elegantes, demasiado finamente calibradas, como para haber sido construidas por los Greys.

Entonces surge la pregunta más honda: **¿Qué** intentan alcanzar los Greys? ¿Por qué están tan centrados en nosotros —no solo físicamente, sino espiritualmente—? ¿Qué ven en nosotros que **parecen carecer** ellos? ¿Y qué sucede si logran convertirse en parte de ello?

No son solo cuestiones de ciencia o de historia. Son preguntas de **esencia**. De **conciencia**. De aquello que llevamos más allá del cuerpo. Del **alma**.

19

AGENDA DEL ALMA

"...no hay llegada a la conciencia sin dolor."
— Carl Jung, *Metamorfosis y símbolos de la libido*

A lo largo de estas memorias te he narrado un vistazo de lo que les está ocurriendo a muchos miles de personas en todo el mundo a través del lente de mis propias experiencias. Me resulta evidente —a mí y a muchos otros— que la humanidad está sujeta a un experimento biológico en curso: uno en el que nuestros tejidos genéticos están siendo extraídos y manipulados, hibridando nuestra especie con la de otra. O quizá con múltiples especies.

Muchos han especulado sobre este programa de cría, buscando razones que expliquen por qué los greys están creando híbridos. ¿Intentan salvarnos de nuestras tendencias belicistas, mezclando su genética con la nuestra para crear una especie más amable y dócil? ¿O tratan desesperadamente de salvarse a sí mismos, una raza moribunda incapaz de reproducirse de manera natural? Durante casi cinco años he luchado con estas preguntas, contrastando mis propios encuentros con el testimonio de denunciantes, supuestos "insiders" y otros abducidos. Y, sin embargo, ninguna de las teorías predominantes ha encajado del todo.

He visto a no pocos abducidos adoptar una postura positiva ante el fenómeno. Creen que los greys han venido a elevarnos, a moldearnos como mejores administradores de la Tierra, preparándonos para unirnos a alguna comunidad galáctica de seres iluminados y viajeros estelares. Es un sentimiento hermoso, pero es una fantasía. Una ilusión envuelta en proyecciones humanas reconfortantes. La verdad —cuando despiertas a ella— no es amable. Como dijo Jung, "no hay llegada a la conciencia sin dolor". Y cuanto más examiné mis experiencias, más comprendí que ese despertar tiene un precio: la destrucción de las suposiciones ingenuas centradas en lo humano. Debemos agotar todas las explicaciones prácticas antes de entregarnos a utopías.

Tomemos, por ejemplo, el fenómeno de las mutilaciones de ganado. Investigadoras como Linda Moulton Howe han dedicado décadas a estudiarlas, poniendo al descubierto patrones inquietantes que sugieren la intervención de una inteligencia no humana. En algunos casos se observan cortes con precisión láser, extracción de órganos específicos y ausencia total de sangre: marcas de la misma clase de extracción metódica de tejidos que los abducidos reportan en sus experiencias, incluidas las mías.

El ganado es abducido, desangrado, se le extirpan órganos con precisión clínica y luego los cadáveres son descartados como desecho biológico. La facilidad con la que estos animales son tomados y desechados, la absoluta falta de consideración por su sufrimiento, lo dice todo. Sugiere que los greys no los ven como seres merecedores de compasión, sino como recursos: simples donantes convenientes de tejido. Y si así tratan al ganado, ¿qué implica eso respecto a nosotros?

Con el tiempo comencé a sospechar que estas mutilaciones tienen al menos dos propósitos. Primero, el ganado podría poseer material genético útil para el programa de hibridación. Segundo —y quizá más perturbador—, su sangre y tejidos podrían procesarse como una fuente de alimento para los greys: una especie de papilla biológica que absorben a través de la piel. Algunos abducidos han reportado que los greys que encontraron tenían un olor acre y desagradable, posiblemente subproducto de excreción por la dermis. Yo no recuerdo haber notado tal olor, pero sí leí documentos militares supuestamente filtrados que describían la autopsia de una especie de grey sin sistema digestivo convencional. Si excretan por la piel, es razonable pensar que también absorban nutrientes del mismo modo.

Los greys tratan al ganado así porque pueden. No hay resistencia, no hay intervención gubernamental efectiva que los detenga. Para ellos, el ganado no es más que animales de laboratorio, y a los animales de laboratorio no se les conceden derechos. No hay nada "humano" en su trato, nada que apunte a una autoridad moral superior. De modo que tuve que preguntarme: ¿por qué asumir que a nosotros, los humanos, nos tratan de forma distinta? Si de veras fueran administradores de la vida, si actuaran en pro de los ecosistemas del planeta, ¿por qué sus acciones se parecerían más a la disección clínica que a la intervención compasiva?

Y esa pregunta me obligó a mirar mis propias experiencias con una lente nueva.

Pensé en el "médico cara de rana", aquel que parecía haber sanado mi tracto digestivo. Al principio interpreté su presencia como un acto de bondad, un momento de compasión inesperada en medio de una vida de intrusiones. Pero al recordar la escena, me persigue la presencia de los greys altos en la habitación. De pie, observando, atentos a mi interacción con ese ser. Y comencé a preguntarme: ¿se trataba de mi bienestar... o del suyo?

¿Por qué una docena de greys altos interrumpirían sus funciones habituales para presenciar en silencio mi interacción con un solo médico? ¿Quién soy yo para ellos?

Entonces me golpeó la idea. ¿Y si yo no fuera un sujeto más? ¿Y si fuera su inversión? ¿Y si cada ser en esa sala tuviera un interés personal en mi supervivencia?

Desde ahí puedo empezar a inferir posibles motivaciones.

LA PERSPECTIVA DE LOS GREYS SOBRE LAS ALMAS

En 1989, el periodista George Knapp, de la estación KLAS de Las Vegas, destapó la historia de un denunciante gubernamental que afirmó haber trabajado en el Área S4, dentro del Nellis Air Force Range, a quince millas del célebre Área 51. Su nombre terminaría siendo revelado como Bob Lazar, un ingeniero/físico que dijo haber participado en un programa de retroingeniería de naves alienígenas capturadas.

Como parte de su introducción al programa, Lazar relató que tuvo acceso a documentos de briefing sobre los alienígenas que proporcionaban la tecnología estudiada. En uno de esos dossiers se describía que los greys de Zeta 2 Reticuli veían a los seres humanos como "contenedores". Aunque Lazar solo pudo especular con el significado, sugirió que se refería a humanos usados como recipientes biológicos, probablemente de material genético. Otros investigadores han planteado algo más profundo: que "contenedores" podría aludir a la **morada del alma**.

Considerarnos un recurso genético para los greys puede sonar "académico" —o ya sobradamente documentado— a estas alturas. Lo que me interesa, sin embargo, es la idea de que **somos contenedores de almas**. Si procedemos bajo esa suposición, ¿qué hipótesis podemos trazar?

Los greys altos serían nativos de un planeta en órbita de Zeta 2 Reticuli. Esta ubicación aparece respaldada por el mapa estelar de Betty Hill, los supuestos papeles del briefing de Reagan, los dossiers de Lazar y lo que me dijo personalmente Syczilick, uno de los greys altos con quienes he interactuado. Se dice que el planeta es muy árido, aunque no por ser parte de un sistema binario: Zeta 1 y Zeta 2 Reticuli están lo bastante separadas (0,06 al) como para que, desde un planeta de cualquiera de ellas, su compañera sea apenas un punto brillante en el cielo nocturno, no un "segundo sol". Es posible, sin embargo, que a lo largo de muchísimo tiempo el planeta de los greys

—supuestamente más pequeño que la Tierra— haya perdido suficiente campo magnético como para que la vida compleja sufriera **daño genético** por radiación solar, volviendo imposible la reproducción sexual.

Mediante la clonación, los greys podrían haberse reingenierizado a sí mismos y a parte de su ecosistema para sobrevivir a la radiación; aun así, se verían forzados a seguir clonándose para reproducirse. ¿Y si eso afectó su biología y su neurología de tal forma que **ya no pueden albergar almas**? ¿Y si, como resultado de su ingeniería, se convirtieron inadvertidamente en **máquinas biológicas**? Incapaces de reproducción sexual y **incapaces de hospedar un alma inmortal**.

Hay quienes, entre ellos yo, creemos que el propósito de este universo es crear y fomentar vida inteligente y compleja. Creemos que es un vivero destinado a ciclar un número finito de almas a través de vidas orgánicas hasta que alcancen un grado de desarrollo tal que se vuelvan descendencia viable de quien haya creado el universo —un Ser Supremo, en otros términos: DIOS. La reencarnación sería el mecanismo por el cual toda vida inteligente asciende hasta su culminación.

Si los greys se **autoexcluyeron** de ese ciclo del alma, puede que busquen el camino de regreso.

Tras llegar a esta especulación, investigué qué decían otros autores. Esta noción —que los greys usan híbridos para **secuestrar** nuestros ciclos de reencarnación— enlaza directamente con el trabajo de Nigel Kerner en *The Song of the Greys*, donde sostiene que los greys no son una especie natural, sino una **artificial**, creada mediante tanta modificación genética que cortaron su conexión con el alma. Kerner sugiere que su falta de individualidad, su comunicación telepática de mente-colmena y su obsesión por la clonación apuntan a una misma cosa: se han vuelto **máquinas biológicas**. Y si perdieron la capacidad de reencarnar, la hibridación sería su única vía para **reinsertarse** en el ciclo del alma.

Leer esta idea en otro autor me detuvo en seco. ¿Fue coincidencia o ambos hemos reunido las mismas piezas hasta que **solo una** interpretación resultó viable? ¿La correlación equivale a validación? Digamos que me animó a comprometer esta idea en el libro. Pero también me revuelve el estómago.

¿QUÉ DICEN OTROS AUTORES?

Whitley Strieber, en *The Key*, relata haber sido informado por una figura misteriosa de que las almas humanas **conservan su individualidad** tras la muerte, algo que muchas otras entidades —incluidos extraterrestres— ya no poseen. Esto hace eco en la hipnoterapeuta Dolores Cannon, cuyos sujetos describieron a los greys profundamente implicados en el proceso de reencarnación. Algunos abducidos, bajo hipnosis, recordaron haber visto **almas entrando** en cuerpos antes del nacimiento y sugieren que los greys tratan de comprender, manipular o incluso **reinsertarse** en ese ciclo.

El Dr. David Jacobs ha investigado extensamente relatos donde los greys enfatizan la creación de híbridos, con abducidos que recuerdan la preocupación de los greys por "**asegurar la supervivencia**". ¿Pero la supervivencia de quién? Si Kerner acierta, el programa no busca solo la **supervivencia física**: busca la **supervivencia del alma**.

PONER NUESTRAS ALMAS EN PERSPECTIVA

La civilización humana parece elevarse, alcanzar un pico y caer en ciclos. ¿Y si algunos de esos fracasos fueron **ingenierizados** para impedir que ascendiéramos nuestras almas "demasiado rápido", dejando atrás a los greys en su agenda? ¿Y si los greys usaron eventos como el **Gran Diluvio** al final del Younger Dryas para ganar tiempo y evolucionar genéticamente a los humanos según sus necesidades? Humanos **neurológicamente compatibles** para que la vasta inteligencia y memoria de un grey alto pudieran **transferirse** a un cuerpo humano que se reproduce sexualmente **y alberga un alma**. Así, los greys altos tendrían oportunidad de **reaparecer** en los ciclos naturales que permiten su eventual ascenso a la conciencia de Dios.

Si esto es así, la humanidad —al cooperar con los greys a cambio de su tecnología— podría estar **vendiendo su alma**, por decirlo de algún modo, a cambio de bagatelas. Nuestras almas se convertirían en la **esencia** de otra especie, portando su legado hacia el más allá, mientras el legado de *Homo sapiens sapiens* se extinguiría. La belleza de nuestras culturas no sería trasladada ni recordada en el reino del creador, allí donde de otro modo ascenderíamos.

¿Y qué hay de nuestras almas? ¿Es este un escenario en el que nuestras almas **sufren** por dejar de pertenecer a la humanidad? **Somos** nuestras almas. El alma es lo que somos: nuestra existencia. Si dejáramos de reencarnar en cuerpos humanos, ¿nos importaría *como almas*? ¿Sería malo encarnar vida tras vida en cuerpos híbridos Grey/Humano?

¡No lo sé! Pero toda esta dinámica puede describirse como la **usurpación** por parte de los greys de la conexión de la humanidad con la inmortalidad. ¿Importa? ¿Le preocupa a nuestro Creador Supremo si nuestras almas provienen de cuerpos grises, melocotón, marrones u olivaceos? No lo sé. ¿Debería una especie decidir por las demás?

UNA ADVERTENCIA DESDE LOS CAMPOS

En agosto de 2002 apareció algo extraordinario en un campo de trigo cerca de Crabwood, Hampshire (Reino Unido). A diferencia de los círculos y patrones geométricos tradicionales, esta formación era distinta. Compleja. Deliberada. Y profundamente inquietante.

Desde el aire mostraba la imagen inconfundible del rostro de un grey, construida con líneas y sombreado al estilo de un semitono de periódico. Pero el verdadero enigma estaba a su lado: un disco espiral de espigas aplanadas codificando un mensaje en **ASCII binario**. Una vez decodificado, el mensaje ofrecía una advertencia tan críptica como escalofriante:

"Beware the bearers of false gifts and their broken promises. Much pain but still time. There is good out there. We oppose deception. Conduit closing."

"Cuidado con los portadores de falsos dones y sus promesas rotas. Mucho dolor, pero aún hay tiempo. Hay bondad ahí fuera. Nos oponemos al engaño. Conducto cerrándose."

Para muchos no es más que una broma elaborada, un círculo más. Para quienes hemos vivido la abducción, el mensaje se siente extrañamente personal. No suena a metáfora, sino a **transmisión**. Una comunicación, probablemente de una facción no alineada con los greys —o de un grupo disidente tratando de alertar a la humanidad sobre lo que viene.

Desglosemos el mensaje:

"Cuidado con los portadores de falsos dones y sus promesas rotas."

Resuena con la supuesta **reunión de Eisenhower en 1954**. Si los greys ofrecieron tecnología a cambio de acceso a sujetos humanos —y luego excedieron límites—, la frase es una acusación directa: **pacto roto**. Los "dones" tecnológicos vendrían con hilos atados: hilos que atan no solo gobiernos, sino el destino humano.

"Mucho dolor, pero aún hay tiempo."

La línea más humana. Reconoce el sufrimiento: no solo físico, sino desorientación psicológica, desplazamiento espiritual, erosión silenciosa de la identidad. Pero también trae una brizna de esperanza: **"aún hay tiempo"**. ¿Tiempo para qué? ¿Resistir? ¿Despertar? ¿Recuperar algo que nos están arrebatando?

"Hay bondad ahí fuera."

Implica la presencia de **facciones benevolentes** entre las estrellas —quizá quienes conservan su soberanía espiritual y ven lo que nos hacen como una violación. Tal vez, como nosotros, sufrieron bajo los mismos regímenes. Tal vez evolucionaron más allá. Tal vez intentan advertirnos para que no repitamos su camino.

"Nos oponemos al engaño."

Aquí el mensaje se afila. Quien lo emite acusa directamente —probablemente a los greys o sus colaboradores— de **engañarnos**: de ocultar sus verdaderos motivos, de conducir a la humanidad por una senda deliberadamente oscurecida. Y esto concuerda con mi experiencia: **memorias-pantalla**, recuerdos bloqueados, percepciones alteradas y anestesia emocional. El engaño es su herramienta más eficaz.

"Conducto cerrándose."

La frase final es abrupta, como si la señal se cortara —o se diera por terminada. "Conducto" sugiere una transmisión a través de un canal inusual, una oportunidad temporal para hablar. Y luego, silencio.

Toda la formación parece un mensaje dirigido a quienes estaban listos para recibirlo: no gobiernos ni académicos, sino **experimentadores**. Gente como yo. Gente como tú, lector, dispuesta a hacer preguntas peligrosas y enfrentar verdades incómodas.

¿Qué dice del fenómeno que un mensaje así apareciera a plena vista y fuera descartado de inmediato por medios, científicos y escépticos por igual? Si esto fue de veras una comunicación, la falta de atención es otra capa del engaño. Quienes intentan advertirnos no son escuchados porque el mundo ha sido condicionado a **reírse** de ellos.

Yo no me reí. Lo tomé en serio. Porque confirma algo que he sospechado por mucho tiempo: hay **división** entre las inteligencias no humanas que interactúan con nosotros. No todos están en el mismo equipo. Algunos pueden oponerse a lo que se está haciendo. Quizá no puedan interferir directamente, pero pueden dejar señales. **Advertencias**. Mensajes en los campos.

¿Y qué mejor modo de eludir la censura que **aplanar** un mensaje en la propia tierra?

Las implicaciones son enormes. Si existe un grupo escindido que intenta advertirnos, entonces la **agenda del alma** de los greys puede ser no solo polémica, sino **antiética incluso a escala extraterrestre**. Tal vez existan leyes cósmicas que ignoramos: leyes de **soberanía espiritual**. Leyes que los greys están violando.

O quizá sea aún más personal. Tal vez los greys formaron parte de una comunidad galáctica y fueron **expulsados** por lo que se convirtieron. Y ahora tratan de **reingenierizarse** en algo que vuelva a pasar por "natural": algo capaz de entrar de nuevo al ciclo de reencarnación, no por evolución, sino por **usurpación**.

Si es así, el programa de hibridación no es un experimento genético. Es una **solicitud de reingreso cósmico**. Están intentando forjar su camino de vuelta a la escalera evolutiva del espíritu... **usándonos**.

Y alguien ahí fuera lo ve. Quizá ya lo ha visto en otros mundos. Quizá sabe cómo termina.

El mensaje de Crabwood no entrega todas las respuestas. No pretende hacerlo. Pretende **despertarnos**. Plantar una sospecha en la mente de quienes aún creen que los greys son salvadores; que vienen a elevarnos; que sus regalos no son caballos de Troya.

"**Cuidado con los portadores de falsos dones.**"

Creo que fuimos advertidos. Y las advertencias, cuando se ignoran, se convierten en remordimientos.

En cuanto a la **actitud** de los greys hacia nosotros, podría ser que se consideren **nuestros propietarios**: un proyecto en desarrollo del que asumen **tutela y mandato**. Al ser, en apariencia, más inteligentes y avanzados, considerarían sus decisiones e intenciones **superiores** a nuestros derechos como especie. Del mismo modo que, cuando los humanos construimos un estacionamiento o una carretera, no respetamos los nidos de insectos o roedores o colonias de hormigas bajo el suelo. **Nuestras** necesidades se anteponen a las de criaturas inferiores.

Estamos acostumbrados a ser la especie superior del planeta. ¿Es una suposición que estamos a punto de desaprender? ¿O la sociedad, en general, seguirá a oscuras hasta que la agenda de los greys esté casi consumada? ¿Y qué será de nuestra especie entonces? ¿Seremos **desplazados** gradualmente, como los neandertales por *Homo sapiens sapiens*? ¿O seremos **diezmados** en algún desastre **ingenierizado** por los greys?

Si ese es su objetivo final —remodelar a la humanidad para hacerla más compatible con sus necesidades—, la siguiente pregunta es si **nuestros propios gobiernos** son cómplices en esta transición. Si los líderes mundiales han hecho tratos con los greys, por coacción o colaboración voluntaria, entonces la humanidad podría estar ya en la senda hacia la **extinción o la asimilación.**

DESPOBLACIÓN Y COMPLICIDAD DE LAS ÉLITES

Si los greys tienen la agenda de **sustituir** a *Homo sapiens* por una especie híbrida, surge la cuestión: ¿son los gobiernos del mundo cómplices o simples **rehenes** de fuerzas que los superan?

La historia arranca en 1954, con la administración Eisenhower, cuando EE. UU. habría pactado en secreto con los greys. Según múltiples fuentes, el presidente Dwight D. Eisenhower se reunió con representantes extraterrestres en la Base Aérea Edwards. A cambio de acceso a tecnología avanzada, EE. UU. permitiría abducciones para el programa genético bajo la condición de que los sujetos fueran devueltos ilesos y sin memoria del evento.

A primera vista podría parecer un canje calculado: sacrificar a un pequeño número de ciudadanos por avances científicos y tecnológicos que aseguren la superioridad militar. Pero ¿cuánto control real tuvo EE. UU.? ¿Podían las autoridades humanas **hacer cumplir** las condiciones o fue solo la **ilusión de supervisión,** mientras los greys tomaban a quien querían?

La cuestión se vuelve más inquietante si ampliamos el foco. Si EE. UU. negoció, ¿qué hay de otras potencias? Se rumorea que la Unión Soviética mantuvo sus **propios tratos,** extendiendo la rivalidad de la Guerra Fría más allá de los conflictos humanos. El célebre video de **"Skinny Bob",** que parece mostrar a un grey capturado bajo custodia soviética —y que considero auténtico pese a anomalías que alimentaron refutaciones— sugiere que la URSS tuvo conocimiento de primera mano.

¿Fueron los soviéticos socios o actuaron por su cuenta buscando ventajas? ¿Qué papel jugaron otros países? El Ministerio de Defensa británico, el complejo militar-industrial chino e incluso ciertos estados sudamericanos han sido vinculados durante años al secreto

OVNI, pero el alcance real de su implicación permanece desconocido.

Si un pequeño grupo **elitista** de decisores tiene las llaves de estas interacciones, los gobiernos electos del mundo podrían ser poco más que **marionetas**, gestionadas por quienes detentan el poder tras bambalinas. La pregunta es si esas élites colaboran **voluntariamente**... o bajo **coacción**.

DECLIVE DE POBLACIÓN INGENIERIZADO: ¿UN GOLPE SILENCIOSO?

Durante años, demógrafos han advertido de un **declive asombroso** de las tasas de natalidad en todo el planeta, un cambio que ha desconcertado a científicos y responsables políticos. Las explicaciones oficiales señalan factores sociales y económicos; pero surge una posibilidad más siniestra: ¿y si el declive ha sido **ingenierizado**?

Si una facción globalista de élite coopera con los greys, entonces reducir la natalidad humana podría servir a un propósito mayor —más allá de las teorías clásicas de control poblacional—. Una población decreciente **debilita** la capacidad civilizatoria de resistir influencias externas, crea inestabilidad y reduce la posibilidad de levantamientos masivos. Más importante aún, allanaría el terreno para que **otra especie** arraigue. Si los greys desean introducir su progenie hibridada, la caída constante de la reproducción humana haría la transición mucho más fluida.

Los métodos serían especulativos, sí, pero **avenidas** existen. Algunos investigadores se preguntan si ciertas intervenciones médicas modernas, incluidas vacunas y fármacos, podrían estar influyendo sutilmente en la fertilidad a lo largo de generaciones. Otros señalan compuestos químicos en alimentos y agua: **disruptores endocrinos** que alteran la viabilidad reproductiva de modos aún no bien comprendidos. Incluso contaminantes industriales —**microplásticos**, metales pesados— podrían jugar un papel, sea por accidente o por diseño.

Si esto fuera cierto, los greys no necesitarían **forzar** la integración híbrida mediante un conflicto abierto. El cambio se desplegaría gradualmente: aumenta el número de híbridos nacidos de forma natural mientras la reproducción humana tradicional se difumina en el fondo.

Y entonces surge una pregunta aún más oscura: ¿las élites hacen esto por **voluntad propia**, o están siendo **forzadas**?

Si son participantes voluntarios, ¿qué se les ha prometido a cambio? ¿Avances tecnológicos vedados al público? ¿Alguna **preservación genética** personal? Si son simples herramientas de una agenda mayor, ¿qué ocurrirá cuando dejen de ser útiles?

LA TRANSICIÓN LENTA HACIA LA INTEGRACIÓN HÍBRIDA

Si la meta es la **sustitución gradual** de *Homo sapiens*, el proceso ya está en marcha —de forma sutil, controlada y estratégica—. No ha habido invasión repentina ni revelación global que obligue a aceptar una nueva realidad. En su lugar vemos una transición lenta y deliberada, donde cada paso **normaliza** el siguiente.

Los cambios culturales influyen. La divulgación OVNI, antes ridiculizada, hoy se toma en serio en las más altas instancias, con encuentros militares discutidos abiertamente en **audiencias congresuales**. La ciencia avanza hacia la **experimentación genética**, con progresos en **úteros artificiales, transhumanismo y integración neural** —cimientos que podrían estar preparando algo más profundo—. Al mismo tiempo, los **cimientos** de la civilización —economía, estabilidad, confianza en el liderazgo— se tambalean, dejando a la población vulnerable a cambios drásticos.

Si este proceso sigue sin contención, llegará un punto en que la humanidad ya no controle su destino. La cuestión no es si **aparecerán** híbridos, sino si **ya están aquí**, aumentando lentamente en número y esperando la fase final de asimilación.

Y cuando llegue ese momento, ¿qué pasará con las élites humanas que facilitaron la transición? ¿Conservarán el poder o serán simplemente **descartadas**, reemplazadas por otra cosa?

El verdadero fin permanece desconocido. Pero si las piezas ya están colocadas, es solo cuestión de tiempo para que **comience la siguiente fase**.

REFLEXIONES

Al mirar atrás sobre las experiencias que dieron forma a este libro, una verdad es innegable: **no estamos solos, y nunca lo estuvimos**. La presencia de los greys no es un fenómeno confinado a relatos aislados o recuerdos fragmentarios: es un **programa cuidadosamente ejecutado** con una estrategia a largo plazo.

Durante años me esforcé por dotar de sentido a estos encuentros. Al principio parecían aleatorios, caóticos: una fuerza inexplicable interrumpiendo mi vida. Con el tiempo surgieron **patrones**, revelando una operación estructurada y deliberada que abarca generaciones. Los greys no solo **nos estudian**: están **diseñando** una transición.

Han infiltrado a la humanidad mediante **rastreo genético**, **programas selectivos de cría** y la **alteración sistemática** de la biología humana. Ya sea a través de abducciones directas o de medios más insidiosos —descenso de natalidad, integración híbrida, manipulación de líderes globales—, están remodelando el mundo **a su imagen**.

Su **agenda del alma**, si es real, puede ser el elemento más profundo de todo este proceso. La posible fascinación de los greys por el espíritu humano, la conciencia y la reencarnación sugiere que su objetivo final no es solo la transformación **física**, sino algo mucho más hondo: la **asimilación espiritual**. Si se está manipulando la capacidad humana para reencarnar y evolucionar, las implicaciones exceden esta vida y alcanzan la **estructura misma de la existencia**.

Y está, además, la cuestión de la **complicidad**. Los gobiernos —ya sea por voluntad o coacción— han jugado un papel facilitando abducciones, suprimiendo la verdad e impulsando políticas que se alinean con los objetivos de los greys. El mundo cambia de un modo demasiado **coordinado** para ser casualidad. Lo vemos en el colapso de estructuras sociales, la normalización de la manipulación genética y la erosión lenta pero deliberada de la **autonomía humana**.

¿Dónde nos deja esto? Podemos **descartar** estas realidades, apartar la mirada y fingir que los cambios que vemos no son más que la progresión natural de la sociedad. O podemos **enfrentar la verdad** de frente. Los greys avanzan con su agenda nos guste o no. La única pregunta que queda es si la humanidad permanecerá **pasiva**... o si recuperará su destino **antes de que sea demasiado tarde**. ¿Podremos?

EPÍLOGO

La casa está tranquila ahora. La mayoría de las noches lo está. Hay una clase de silencio que se asienta pasada la medianoche: no es amenazante, pero tampoco llega a consolar. Solo está. Como algo a la espera de su turno. El mismo tipo de silencio que antes llevaba sombras que no comprendía. Solía temer lo que pudiera moverse dentro de ellas. Ahora simplemente reconozco que están ahí.

A veces me siento en el escritorio y miro hacia la oscuridad, preguntándome si me están vigilando. No de un modo paranoico, sino como quien se pregunta si alguien lo recuerda: etiquetado en un sistema, marcado para uso futuro. Los encuentros han vuelto a quedar en silencio. Pero el silencio ya no se siente como seguridad. Solo se siente como espera.

Este libro empezó como un intento de poner en orden mis recuerdos—trazar el arco de algo que no podía entender. Pero al hacerlo, también terminé dibujando el contorno de lo que me he convertido. No sé exactamente cuándo se produjo el cambio, pero sé que ya no soy el mismo hombre de antes del garaje, de los orbes o de las camillas. Algo en mí se ha endurecido. Y otra cosa se ha abierto. Confío menos... pero percibo más.

La pérdida de mis creencias religiosas llegó de forma gradual, pero inevitable. La versión de Dios en la que alguna vez creí—el Dios bíblico de los domingos por la mañana y de la oración silenciosa—no podía explicar lo que me ocurrió. Ya no creo en esa versión de Dios. Pero no he perdido la fe en una inteligencia superior. Sigo creyendo en un creador, o en una fuerza creativa: algo vasto e inteligente más allá de toda comprensión. Quizá eso sea lo que los greys también persiguen. O quizá lo hayan perdido. No lo sé. Pero ya no puedo aferrarme a historias escritas para un mundo que no incluía lo que yo he visto.

No hay manual de instrucciones para lo que ocurre después de exponerte públicamente con algo así. No puedes ensayar la sensación de quedarte completamente al desnudo—no porque alguien te obligara, sino porque por fin decidiste que era el momento. Momento de dejar de editar tus recuerdos para proteger la comodidad de otros. Momento de dejar de fingir que el silencio significaba seguridad. Momento de dejar de esperar permiso.

Si estás leyendo esto, significa que al fin elegí hablar. Romper el silencio. Y al hacerlo crucé una línea a la que ya no puedo volver. Durante años temí contarlo. No solo porque temía que no me creyeran, sino porque temía que *sí* me creyeran. Que esa creencia abriera una puerta que ya no podría cerrar.

Todavía hay noches en las que me pregunto si volverán a llevarme. No sé si esto ha terminado, o si alguna vez terminará. No funcionan con un calendario humano. Algunos regresan tras semanas, otros tras años. Para ciertos casos, son décadas. Si vuelven por mí, puede que no sea el próximo mes, ni siquiera el año que viene. Podría ser dentro de veinte años, mucho después de que haya dejado de mirar por encima del hombro. Así es como operan. El tiempo es una herramienta para ellos. Y nosotros no somos quienes sostenemos el reloj.

Pero he dejado de fingir. He dejado de intentar explicarlo. Lo viví. Y si nunca llego a saber por qué—si ninguna respuesta final llega jamás—al menos he contado la verdad lo mejor que pude.

A veces me pregunto en qué se convertirá este libro una vez que salga de mis manos. Si vivirá en silencio, guardado en estanterías o desplazado en la pantalla, o si llegará al tipo de lector que también ha despertado en lugares que no podía explicar. No escribí esto por fama, ni por validación, ni siquiera por vindicación. Lo escribí para la persona que aún tiene demasiado miedo de hablar. Para quien tiene recuerdos que no encajan, pero cuyos instintos dicen que son reales.

Si ese eres tú, entonces ten esto claro: no te lo estás imaginando. No estás roto. No estás solo.

No siempre obtenemos respuestas. No siempre obtenemos justicia. Pero sí obtenemos **elecciones**. Podemos decidir qué cargamos—y qué dejamos en el suelo. He cargado con este peso en silencio la mayor parte de mi vida. Ahora lo he ido dejando, página a página, palabra a palabra. Eso no significa que el peso haya desaparecido. Significa que he aprendido a caminar con él. Y si tú también has estado cargando algo—algo pesado e indecible—espero que este libro te dé permiso para dejarlo a un lado un rato. O para compartirlo. O para nombrarlo en voz alta por primera vez.

Porque la verdad es que la transformación real no ocurrió durante los encuentros. Ocurrió aquí—en el relato. Fue entonces cuando empecé a cambiar. Fue entonces cuando recuperé mi propia narración. Y ahí es donde comienza la sanación.

Hay una clase de claridad que llega tras suficiente silencio. Dejas de necesitar que tenga sentido. Simplemente lo llevas contigo—no como una herida, sino como un peso con el que has aprendido a andar.

La angustia sigue ahí, pero ya no me posee. Antes habitaba en las sombras—en los armarios, en los huecos de la memoria, en las largas noches entre visitas. Ahora la enfrento con los ojos abiertos. He hecho las paces con las sombras. Y quizá ese fue el punto desde el principio. No desterrar la angustia... sino atravesarla. Y lo he hecho.

Si regresan, estaré listo—no con miedo, sino con claridad. No necesito entenderlo todo para plantar cara. He hecho las paces con las preguntas. Y si este camino continúa más allá de estas páginas, lo encontraré con los ojos abiertos. Porque ahora, las sombras ya no me persiguen.

FUENTES Y LECTURAS RECOMENDADAS

Los siguientes libros, estudios y documentos desclasificados ofrecen una visión más profunda de los temas tratados en esta memoria. Exploran el fenómeno de las abducciones, los implantes, los programas de hibridación, los posibles acuerdos gobierno-ET y la implicación globalista en eventuales esfuerzos de despoblación. Además, examinan registros históricos, textos antiguos y teorías sobre la influencia extraterrestre, la manipulación genética y el posible papel de los Greys en la configuración de la espiritualidad humana y la reencarnación.

No descubrí estas fuentes de una sola vez. Fueron apareciendo lentamente, como hitos en un camino que nunca pretendí tomar—pero una vez que empecé, no pude apartar la vista. Algunos de estos libros me dieron lenguaje para cosas que había vivido y no sabía explicar. Otros desafiaron mis supuestos, ampliaron mi horizonte o simplemente me recordaron que no fui el primero en hacer estas preguntas.

Si has llegado hasta aquí, quizá tú también estés buscando. Mi deseo más sincero es que estos trabajos te sirvan como a mí: una brújula en la oscuridad.

"Vive ahora las preguntas. Tal vez, algún día lejano, sin darte cuenta siquiera, vivas tu camino hacia la respuesta."
— Rainer Maria Rilke, *Cartas a un joven poeta*

Abducciones e implantes
1. Strieber, Whitley – *Communion: A True Story*. New York: Morrow, 1987.
2. Strieber, Whitley – *The Key: A True Encounter*. 2011.
3. Leir, Roger – *The Aliens and the Scalpel: Scientific Proof of Extraterrestrial Implants in Humans*. Book Tree, 1999.
4. Sims, Derrel – *Alien Hunter: Evidence and Truth About Alien Implants*. 2014.
5. Hopkins, Budd – *Intruders: The Incredible Visitations at Copley Woods*. 1987.
6. Jacobs, David M. – *The Threat: The Secret Agenda: What the Aliens Really Want... and How They Plan to Get It*. 1998.
7. Jacobs, David M. – *Walking Among Us: The Alien Plan to Control Humanity*. 2015.
8. Dennett, Preston – *The Healing Power of UFOs: 300 True Accounts of People Healed by Extraterrestrials*. Blue Giant Books, 2018.
- Catálogo amplio de casos de sanación física y emocional tras contactos con OVNIs,

orbes y entidades, con relatos en hospitales, remisiones de enfermedades y recuperaciones inesperadas.

Acuerdos gobierno-ET y secretismo OVNI
9. Good, Timothy – *Above Top Secret: The Worldwide UFO Cover-Up*. 1987.
10. Good, Timothy – *Need to Know: UFOs, the Military, and Intelligence*. 2007.
11. Corso, Philip J. – *The Day After Roswell*. 1997.
12. Dolan, Richard – *UFOs and the National Security State*. 2002.
13. Dolan, Richard M. – *The Alien Agendas: A Speculative Analysis of Those Visiting Earth*. 2020.
14. Salla, Michael E. – *Exopolitics: Political Implications of the Extraterrestrial Presence*. 2004.
15. Jacobsen, Annie – *Area 51: An Uncensored History of America's Top Secret Military Base*. 2011.
16. Howe, Linda Moulton – *Glimpses of Other Realities: Vol. I & II*. 1993, 1998.

Agendas globalistas y control poblacional
17. Engdahl, F. William – *Seeds of Destruction: The Hidden Agenda of Genetic Manipulation*. 2007.
18. Jones, Alex – *The Great Reset: And the War for the World*. 2022.
19. Coleman, John – *The Committee of 300*. 1991.
20. Marrs, Jim – *Rule by Secrecy*. 2000.

Documentos desclasificados y reportes filtrados
21. Documentos Majestic 12 (MJ-12) – Supuestos documentos clasificados sobre conocimiento gubernamental de ETs y acuerdos.
22. Documentos OVNI de la CIA (Publicación 2021) – Reportes desclasificados de encuentros OVNI y sus implicaciones de seguridad nacional.
23. Estudio RAND de 1968 sobre OVNIs – Análisis financiado por el gobierno sobre OVNIs e impacto en la seguridad global.
24. Documentos de Project Serpo – Reportes presuntamente clasificados sobre un programa de intercambio EE.UU.–Greys.

Textos sumerios y fuentes de la mitología temprana
25. *Enuma Elish* – La épica babilónica de la creación.
- Aunque babilónica, hunde raíces en Sumer y permeó tradiciones abrahámicas.
26. *Atrahasis* – La epopeya babilónica del Diluvio.
- Precedente clave del mito de Noé, creación humana y casi-aniquilación.
27. *Eridu Genesis* – Relato sumerio de Creación y Diluvio.
- El relato más antiguo conocido del Gran Diluvio y la preservación humana.
28. *Sumerian King List* – Registro de la realeza "descendida del cielo".
- Documento mixto mítico-histórico con reinados de longevidad imposible.
29. *Epic of Gilgamesh* – Primera gesta heroica y paralelo del Diluvio.
- Épica primigenia con héroe divino-humano, búsqueda de inmortalidad y relato del

Diluvio.

Estudios académicos sobre mito y religión antigua

30. Kramer, Samuel Noah – *History Begins at Sumer: Thirty-Nine Firsts in Recorded History* (1956).
- Obra fundacional de un sumerólogo de referencia.
31. Kramer, Samuel Noah – *The Sumerians: Their History, Culture, and Character* (1963).
- Cultura sumeria, panteón y ciencia temprana.
32. Dalley, Stephanie – *Myths from Mesopotamia: Creation, The Flood, Gilgamesh, and Others* (1991).
- Traducciones clave con comentario y paralelos bíblicos.
33. Sitchin, Zecharia – *The 12th Planet* (1976).
- Interpretación controvertida de los Anunnaki y la hipótesis astronauta.
34. Collins, Andrew – *The Gods of Eden: Egypt's Lost Legacy and the Genesis of Civilization* (2002).
- Puentes entre Egipto, Sumer y posible influencia ET.

Manipulación del alma e hibridación

35. Kerner, Nigel – *The Song of the Greys: UFOs and the Destiny of Mankind* (1997).
- Tesis: los Greys serían entidades biológicas "artificializadas" sin vínculo con el alma.
36. Kerner, Nigel – *Grey Aliens and the Harvesting of Souls* (2010).
- La hibridación como intento de reingresar al ciclo de reencarnación.
37. Cannon, Dolores – *The Custodians: Beyond Abduction* (1998).
- Regresiones hipnóticas sobre monitoreo y manipulación de la reencarnación.
38. Cannon, Dolores – *Keepers of the Garden* (1993).
- Regresiones que plantean supervisión ET del desarrollo espiritual humano.

Bases subterráneas y civilizaciones ocultas

39. Goodman, Jeffrey – *American Genesis: The American Indian and the Origins of Modern Man* (1981).
- Mitos nativoamericanos: "Ant People" Hopi y refugios subterráneos.
40. Lloyd, Harold T. Wilkins – *Mysteries of Ancient South America* (1945).
- Ciudades subterráneas precolombinas y "dioses subterráneos".
41. MacRae, Stuart – *The Hollow Earth Enigma* (1979).
- Hipótesis de Tierra Hueca y civilizaciones ocultas.
42. Heiser, Michael S. – *The Facade* (2007).
- Ficción documentada con análisis bíblico y teoría astronauta (Agartha, Shambhala, Enoch).
43. Sitchin, Zecharia – *The Stairway to Heaven* (1980).
- El "Abzu" subterráneo de los Anunnaki y la ingeniería genética humana.

Ufológica moderna y bases ET subterráneas

44. Schneider, Phil – *The Underground Alien Bases of Dulce, New Mexico* (1996).
45. Lazar, Bob – *Dreamland: An Autobiography* (2019).

46. Redfern, Nick – *Bloodline of the Gods* (2015).
47. Warren, Michael & Steiger, Brad – *Underground Alien Bases* (2013).
48. Leir, Roger – *Casebook: Alien Implants* (1999).
49. Dolan, Richard – *UFOs and the National Security State, Vol. 2* (2009).
50. Hamilton, Norio – *Dulce Base: The Truth and Evidence from the Case Files of Gabe Valdez* (2018).

Estructuras antiguas subterráneas e ingeniería avanzada
51. Childress, David Hatcher – *Lost Cities & Ancient Mysteries of the Southwest* (1989).
52. Childress, David Hatcher – *Lost Cities of China, Central Asia, and India* (1991).
53. Tellinger, Michael – *Slave Species of the Gods* (2005).
54. Emery, Clifford & Fossett, Ron – *Secret Underground Bases and Facilities* (2011).

Más documentos gubernamentales y OVNIs desclasificados
55. Documentos Project Serpo – Supuestos informes de programas de intercambio humano-ET con bases subterráneas.
56. Estudio RAND 1968 sobre OVNIs – Análisis de secretismo OVNI e instalaciones subterráneas.
57. Documentos Majestic 12 (MJ-12) – Reportes alegados de acuerdos gobierno-ET y programas de hibridación.
58. *The Reagan Briefing Papers* – Supuestos memorandos sobre Zeta Reticuli, experimentos genéticos y la agenda Grey.

Patrones de abducción y monitoreo a largo plazo
59. Sparks, Jim – *The Keepers: An Alien Message for the Human Race* (2006).
- Relato de ciclos de abducción estructurados y comunicación telepática.
60. Lamb, Barbara – *Alien Experiences: 25 Cases of Close Encounter* (2008).
- Casuística con intervalos de 20+ años y abducciones multigeneracionales.

Células madre y monitoreo genético
61. Goodell, Margaret A., et al. – "Hematopoietic Stem Cell Plasticity: Time for a Re-Evaluation?" *Nature Reviews Molecular Cell Biology* (2015).
- Potencial regenerativo de células madre de médula ósea y su valor longitudinal.
62. Trounson, Alan & McDonald, Claire – "Stem Cell Therapies in Clinical Trials: Progress and Challenges." *Cell Stem Cell* (2015).
- Aplicaciones clínicas y por qué podrían interesar más allá de la edad reproductiva.

Neuroplasticidad y seguimiento cognitivo
63. Pascual-Leone, Alvaro, et al. – "Neuroplasticity: Changes in Gray and White Matter Structure in Response to Learning and Experience." *Annual Review of Neuroscience* (2005).
- Cómo el cerebro se "re cablea" durante toda la vida—base para monitoreo prolongado.

Epigenética y monitoreo multigeneracional del ADN

64. Jaenisch, Rudolf & Bird, Adrian – "Epigenetic Regulation of Gene Expression: How the Environment Can Shape Inheritance." *Nature Reviews Genetics* (2003).
- Marcadores epigenéticos que cambian con la vida e influyen en la descendencia.
65. Jirtle, Randy L. & Skinner, Michael K. – "Environmental Epigenomics and Disease Susceptibility." *Nature Reviews Genetics* (2007).
- Cómo factores ambientales alteran la expresión génica sin cambiar la secuencia.

Control mental, hipnosis y estudios de la conciencia

66. Hufford, David J. – *The Terror That Comes in the Night*. University of Pennsylvania Press, 1982.
- Estudio pionero sobre parálisis del sueño, presencias y agresiones "sobrenaturales".
67. Spiegel, David – "Hypnosis Modulates the Default Mode Network." *Nature Communications*, 2016.
- fMRI: la hipnosis reduce control ejecutivo y altera autoconciencia—paralelo con trance de abducción.
68. Erickson, Milton H. – *Collected Papers on Hypnosis*. 1950s–1970s.
- Escritos seminales del padre de la hipnoterapia moderna.
69. Weihrer, Carol – Testimonio ante el Congreso de EE. UU., 2000.
- Relato de conciencia bajo anestesia y parálisis—paralelo clínico relevante.
70. Ghoneim, Mohamed M. & Block, Richard I. – "Learning and Memory During General Anesthesia: An Update." *Anesthesiology*, 87(2), 1997.
- Conservación parcial de conciencia/memoria bajo anestesia.
71. Van der Kolk, Bessel – *The Body Keeps the Score*. Viking, 2014.
- Cómo el trauma se almacena en cuerpo y cerebro (disociación, aplanamiento afectivo).
72. Simeon, Daphne & Abugel, Jeffrey – *Feeling Unreal: Depersonalization Disorder and the Loss of the Self*. Oxford University Press, 2006.
- Despersonalización y pérdida del "yo", relevante al embotamiento emocional inducido.

GALERÍA FOTOGRÁFICA

Estas imágenes son reconstrucciones visuales: composiciones creadas a partir de la memoria, la emoción y una reflexión cuidadosa. Algunas representan las habitaciones y los momentos que presencié de primera mano. Otras son representaciones simbólicas de experiencias que me resultaba difícil describir solo con palabras. No están destinadas a demostrar nada, sino a invitarte a adentrarte más en la historia... en las sombras por las que alguna vez caminé en soledad.

Creo que las ilustraciones son una manera poderosa de transmitir recuerdos y hacer que las experiencias resulten más comprensibles. Albergo la profunda esperanza de que al compartirlas, estas imágenes resuenen con otros experiencers y con quienes sienten el deseo de aprender más sobre este fenómeno.

PRIMAVERA DE 1950

Betty Jackson (Nanstiel), la madre del autor, tal como se veía unos años antes de su presunto encuentro de abducción en 1953, ocurrido después de avistar un ovni sobre la casa de su infancia.

VERANO DE 1953

La madre del autor, Betty Jackson (Nanstiel), despierta en mitad de la noche, pocas horas después de que sus hermanos presenciaran un ovni en el cielo sobre su casa. Impulsada a bajar al sótano, se encuentra con dos pastores alemanes furiosos antes de perder el conocimiento, un probable recuerdo pantalla coherente con muchos testimonios de abducción.

PRIMAVERA DE 1970

El autor se encuentra con un orbe blanco y luminoso de plasma que entra en la habitación a través de la puerta del armario y hace contacto con su frente, dejándolo inconsciente. Esta será una experiencia recurrente durante los siguientes cuatro años.

20 DE AGOSTO DE 1994

El sábado 20 de agosto de 1994, el autor despierta de repente y descubre a cuatro pequeños grises huyendo de su habitación, atravesando la puerta sin ningún impedimento.

1995: UN GRAN OJO CON ALAS

En un sueño lúcido, al autor se le muestra una visión en respuesta a una pregunta subconsciente: un gran ojo con alas plumadas, respaldado por una serie de cuadrados concéntricos que pulsaban en intensidad con un magenta vivo y resplandeciente. El autor descubriría más tarde que este símbolo se utilizó por primera vez en la antigua Sumeria y, posteriormente, en Egipto.

ABRIL DE 2020: EL PÓSTER EN LA PARED

Este diorama representa con precisión la distribución de mi dormitorio en 2020. Sobre mi cama se encuentra el cartel que utilicé para comunicarme con quienquiera que estuviera entrando en mi habitación mientras dormía, alterando o moviendo objetos que llamaban mi atención a la mañana siguiente.

∼

∼

ABRIL DE 2020: ENCUENTRO EN EL GARAJE

Aquí se representa el encuentro del autor en el garaje, ocurrido en respuesta al cartel que colocó sobre su cama. El pequeño gris se comunicó telepáticamente, diciendo: "No podemos permitir que recuerdes nuestra visita, o mis superiores se enterarán."

∽

∽

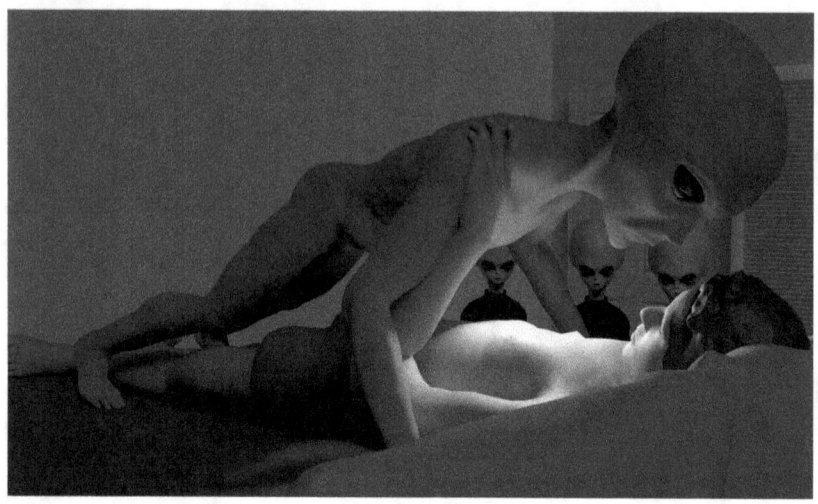

ABRIL DE 2020: ENCUENTRO EN EL DORMITORIO CON UN GRIS ALTO

Una semana después de su encuentro en el garaje, el autor despierta y descubre a un gris "alto" suspendido sobre él. En este incidente, el autor toca el hombro del gris antes de quedar inconsciente y entrar en un sueño REM inducido, durante el cual ambos se comunicaron. Tres grises pequeños estaban junto a la cama, observando el intercambio.

ABRIL DE 2020: "SYCZILICK" SE COMUNICA MEDIANTE UN ESTADO DE SUEÑO INDUCIDO

Durante el encuentro en el dormitorio con un gris alto, el autor es llevado a un estado de sueño inducido en el que puede comunicarse telepáticamente con el gris alto y con los tres grises pequeños que lo acompañaban, aunque estos aparecían como niñas idénticas. El entorno semejaba una aldea bávara. El autor descubre que el gris alto se llama "Syczilick".

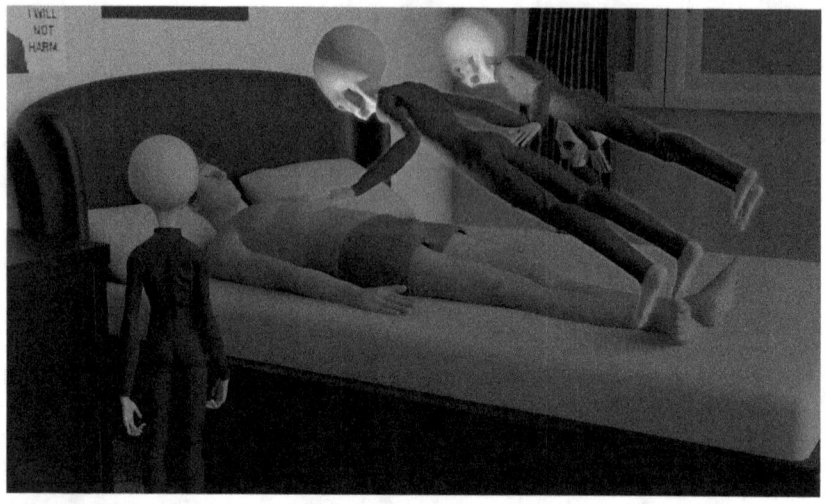

JUNIO DE 2020: DOS GRISES LEVITANDO SOBRE LA CAMA DEL AUTOR

En junio de 2020, el autor despierta y lucha por mantenerse consciente mientras presencia a cuatro pequeños grises en su habitación. Dos de ellos intercambian posiciones alrededor de la cama levitando sobre ella.

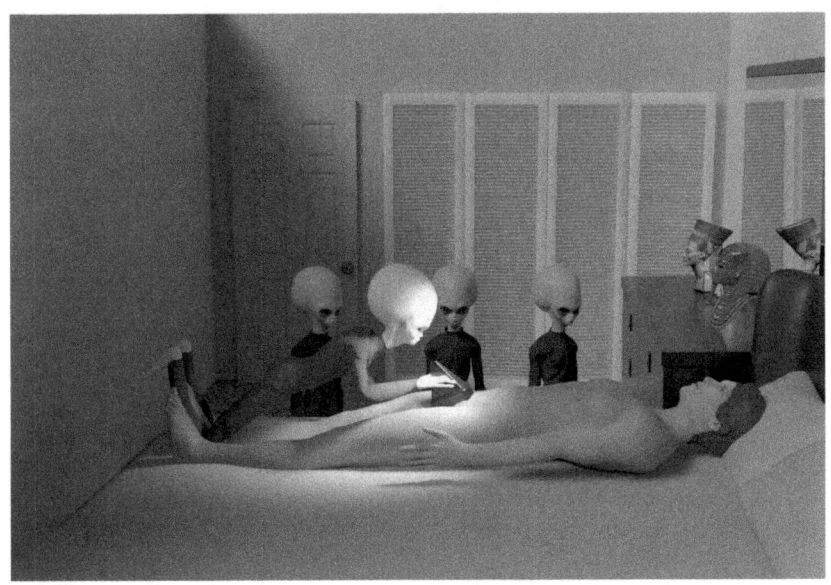

JULIO DE 2020: CUATRO GRISES EXTRAEN UNA MUESTRA DE SEMEN

Durante una visita en julio de 2020, el autor despierta y descubre a cuatro grises realizando una extracción de semen. Para obtener la muestra utilizan un dispositivo negro en forma de cono triangular.

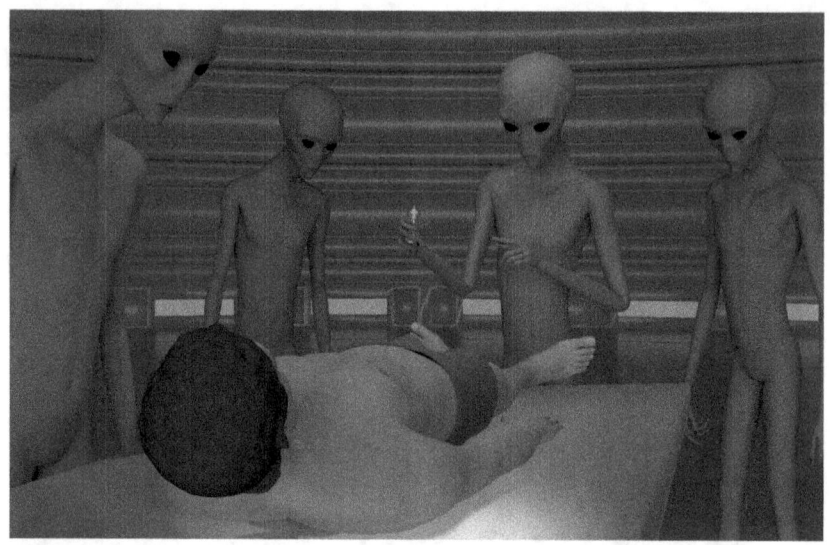

MARZO DE 2021: CUATRO GRISES ALTOS IMPLANTAN UN DISPOSITIVO EN EL ABDOMEN DEL AUTOR

El autor despierta y descubre que no está en su casa, sino en una habitación desconocida, rodeado por cuatro grises altos. Uno de ellos sostiene un dispositivo y le indica que van a colocarle un nuevo implante destinado a rastrear su ubicación.

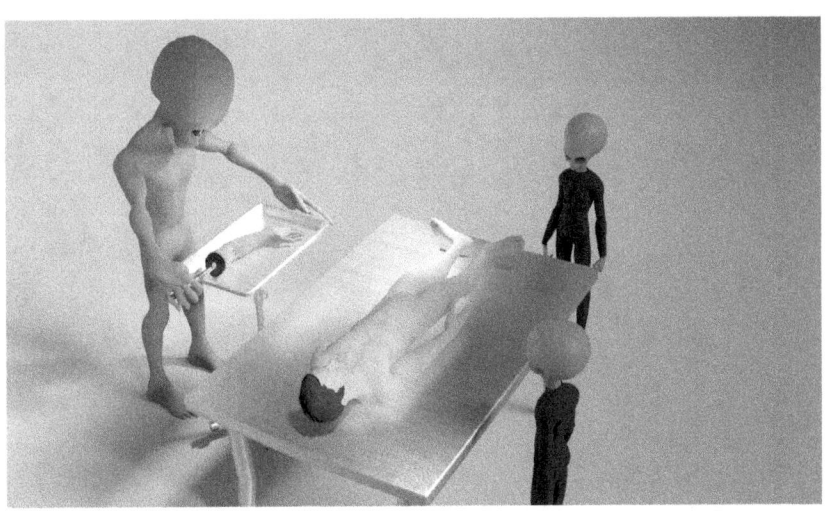

JULIO DE 2022: LA CIRUGÍA

El autor despierta en una habitación de paredes grises, recostado sobre una mesa metálica del mismo color. Con un intenso dolor, alcanza a ver su brazo izquierdo quirúrgicamente seccionado, colocado sobre un carrito metálico junto a la mesa.

∼

∼

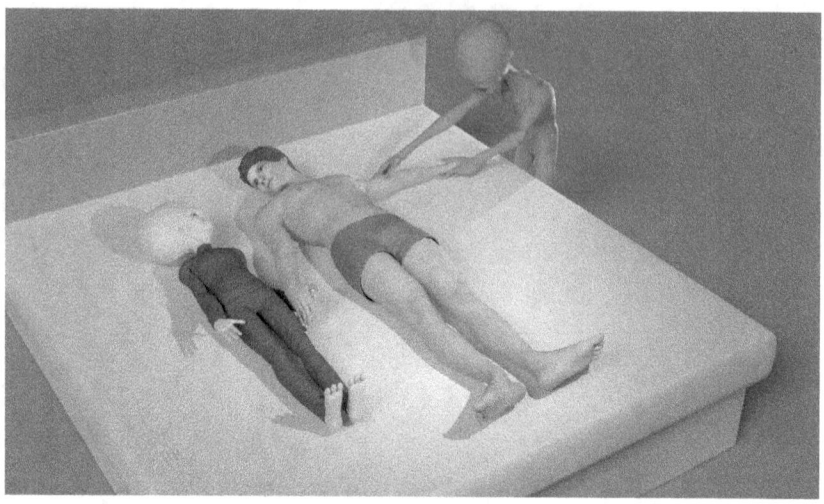

JULIO DE 2022: REVISIÓN POSTERIOR A LA CIRUGÍA

Una semana después de que el brazo del autor fuera quirúrgicamente retirado y vuelto a colocar, él despierta y se encuentra sobre una cama blanca y acolchada. Un gris alto inspecciona su brazo izquierdo mientras un gris pequeño sostiene su mano derecha y le hace una pregunta.

SEPTIEMBRE DE 2022: LOS NIÑOS EN LA PARED

El autor despierta de pie y se encuentra frente a dos grises altos que le muestran una pantalla en la pared donde se proyectan retratos de sus numerosos descendientes híbridos. Los grises invitan al autor a ponerles nombre a sus hijos.

JUNIO DE 2023: LA PRESENTACIÓN DEL BEBÉ

El autor despierta en una sala circular de gran diámetro, rodeada por estrechas ventanas. A su lado se encuentra un gris alto que le presenta a un bebé de seis meses, un niño que gatea sobre una mesa en el centro de la habitación. El niño es presentado como uno de los descendientes del autor.

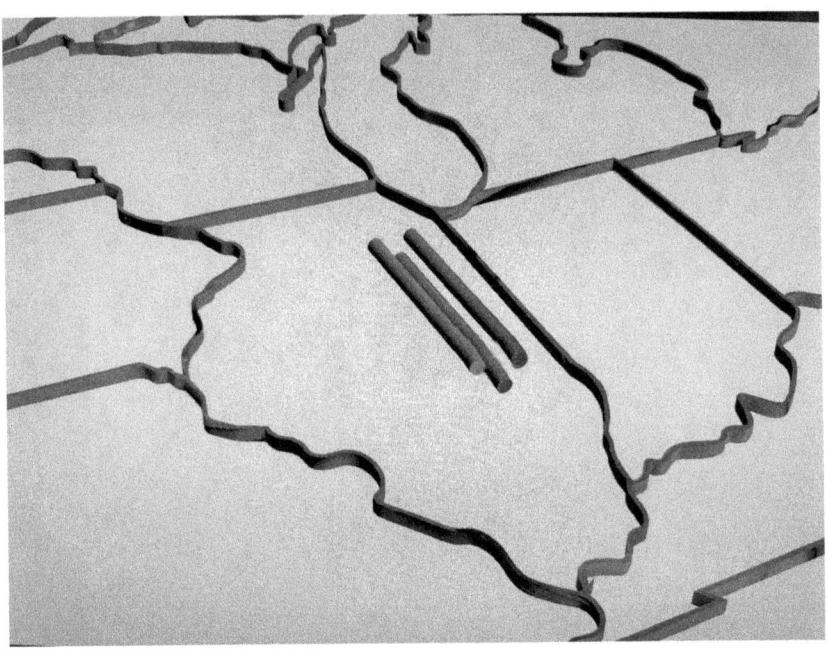

JULIO DE 2023: EL MAPA

El autor despierta de pie dentro de una habitación gris, rodeado por cuatro grises altos. Cuando pregunta dónde se encuentran sus descendientes híbridos, los grises le muestran un mapa tridimensional que indica la ubicación de tres cavernas enormes bajo el este de Illinois.

Esta ilustración, aunque no reproduce con exactitud la escala, es muy similar en lo visual al mapa monocromático que le fue mostrado al autor.

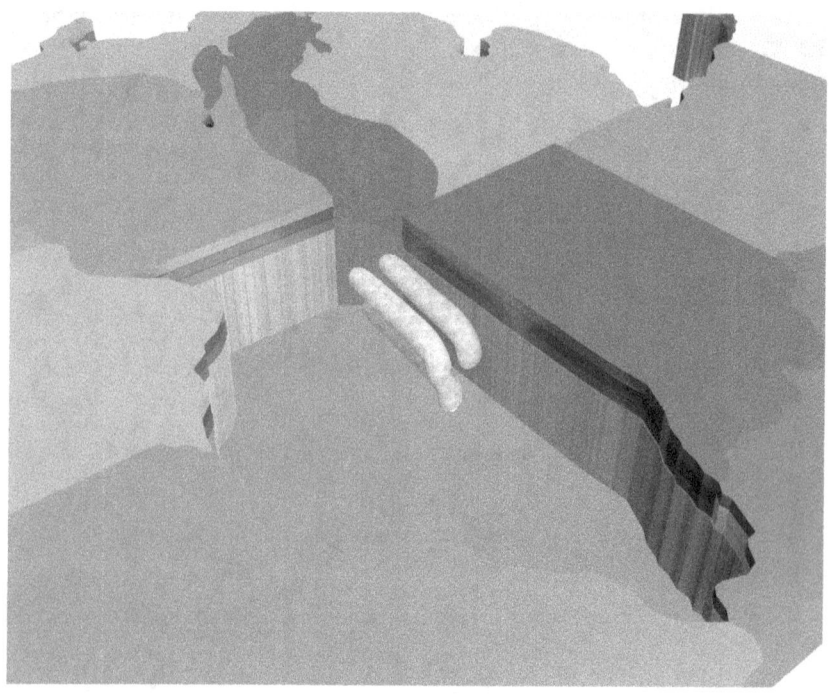

JULIO DE 2023: EL MAPA (ILUSTRACIÓN MEJORADA)

Se muestra aquí un mapa mejorado en color y más preciso a escala, que representa las cavernas reveladas al autor como el lugar donde se encuentran sus descendientes híbridos, en el este de Illinois. Las cavernas se hallan a una profundidad de entre un tercio y media milla.

AGOSTO DE 2023: EL DOCTOR LO ATENDERÁ AHORA

El autor despierta en una habitación extraña y tenuemente iluminada, y descubre que está siendo examinado por un "doctor" que le cura un trastorno gastrointestinal. Al fondo de la sala, observando la escena, se encuentran más de una docena de grises altos.